产业升级背景下
农业产业链金融创新研究
以四川牦牛产业链为例

杨海燕　唐善虎◎著

中国经济出版社
CHINA ECONOMIC PUBLISHING HOUSE
·北京·

图书在版编目（CIP）数据

产业升级背景下农业产业链金融创新研究：以四川牦牛产业链为例 / 杨海燕，唐善虎著. --北京：中国经济出版社，2022.12

ISBN 978-7-5136-7142-2

Ⅰ.①产… Ⅱ.①杨… ②唐… Ⅲ.①牦牛-养牛业-产业链-研究-四川 Ⅳ.①F326.33

中国版本图书馆 CIP 数据核字（2022）第 197544 号

责任编辑 王 帅
责任印制 马小宾

出版发行 中国经济出版社
印 刷 者 河北宝昌佳彩印刷有限公司
经 销 者 各地新华书店
开 本 710mm×1000mm 1/16
印 张 13.25
字 数 200 千字
版 次 2022 年 12 月第 1 版
印 次 2022 年 12 月第 1 次
定 价 78.00 元
广告经营许可证 京西工商广字第 8179 号

中国经济出版社 **网址** www.economyph.com **社址** 北京市东城区安定门外大街 58 号 **邮编** 100011
本版图书如存在印装质量问题，请与本社销售中心联系调换（联系电话：010-57512564）

目录 Contents

第1章　导论

1.1　选题背景及意义

1.1.1　选题背景

1. 农业产业链是现代农业发展的重要组成部分和产业支撑

产业链（Industry Chain）的发展是衡量经济生产部门发展的重要指标，也是推动生产要素在生产部门优化配置和提升生产部门市场竞争力的重要推力。

现代农业实现路径主要有总体效益和农民收益两条标准①，其实质则是通过对农业生产组织的重新构建，适应社会生产力发展，从而实现农业经济的可持续发展，提升农业、农村、农民的经济收益。其基本框架主要包括农业产业体系、农业生产体系和农业经营体系②。

基于此，农业生产组织的重新构建应该基于农业产业体系、农业生产体系和农业经营体系的融合发展。通过产业链的形式参与农业生产组织的重新构建，通过农业产业链的引领，实现农业部门生产组织的科学组成，同时实现农业经济生产要素在不同农业经济生产部门内部的优化配置，是

---

① 李录堂，薛继亮．我国农业生产率与农业现代化的关系研究[J]．东南大学学报(哲学社会科学版)，2009，11(6)：15－19.

② 解安．三产融合：构建中国现代农业经济体系的有效路径[J]．河北学刊，2018，38(2)：124－128.

现代农业经济发展的必然要求。

因此，农业产业链建设是我国现代农业的重要组成部分和产业支撑。产业链在农业经济生产过程的参与，能够促使农业生产经济部门间的生产组织进行重新建构，平衡农业生产力发展不均衡的状态。

2. 在经济新常态下，产业链是“农业供给侧结构性改革”的核心部分

在经济“新常态”下，农业供给侧结构性改革的核心内容就是农业供应链的调整，即在国家的宏观调控下，以农民为主体，实现农业产品与市场之间的无缝对接。目前，我国农产品供需矛盾已从人口总量快速增长和人均消费数量增加与农产品总量供应不足的矛盾，转换为城乡居民对健康多样化食品日益增长的需要和地区农业现代化发展不平衡、安全优质特色农业发展不充分之间的矛盾①。

优化产业结构，促进优势农业经济资源实现规模效应和品牌效应，并淘汰落后的粗放型农业生产方式，实现农业生产满足城乡居民对于健康多样化食品日益增长的需要，是“农业供给侧结构性改革”的目标，也是农业产业链优化发展的方向。

3. 农业产业链发展是实施“乡村振兴战略”的重要环节

2018 年，“中央一号文件”《中共中央　国务院关于实施乡村振兴战略的意见》提出，构建农村一二三产业融合发展体系，大力开发农业多种功能，延长产业链、提升价值链、完善利益链。其目的在于破解农产品阶段性供过于求和供给不足并存、农业供给质量亟待提高、农民适应生产力发展和市场竞争的能力不足以及新型职业农民队伍建设亟须加强等农村经济发展的束缚。为了配合中央“乡村振兴战略”的实施，四川省在《“十三五”农业和农村经济发展规划》中提出四川省“十三五”农业和农村经济发展的总体目标是在确保粮食等主要农产品有效供给的基础上，进一步加快农业产业转型升级，推进农民收入持续稳定增长。

“乡村振兴战略”的实施，对农村经济发展的质量提出了更高的要求。

---

① 陈磊，姜海，孙佳新，马秀云．农业品牌化的建设路径与政策选择——基于黑林镇特色水果产业品牌实证研究[J]. 农业现代化研究，2018，39(2)：203 - 210.

构建现代农业生产体系，实现农业产业链的纵向扩展，改变我国农村经济在长期发展中的经济效益低、产业结构单一、风险抵御能力低以及对市场供需变换信息掌握不足的困境，提升农业发展质量，培育乡村发展新动能，是实现我国农业农村现代化的途径，也是“乡村振兴战略”的核心内容。

4. 产业链金融是化解农业产业链发展融资困境的重要手段

农业生产的环节多，周期长，需要现代农业科技和机械装备的大量投入，因此，现代农业生产对资金的需求逐渐增大。然而，作为“强位弱势”产业，农产品附加值相对较低，投入大、回报慢，农业资金自足能力不足，并且，因为风险高且缺乏相应的贷款担保，农业发展缺少传统体系下的融资渠道。因此，通过发展产业链金融解决农业融资中的信息和风险问题，成为化解农业产业链发展融资困境的重要手段。

1.1.2　选题意义

四川牦牛产业是中国牦牛产业重要的组成部分，也是四川西部民族地区农业经济发展的主体。本书借助信息不对称、金融生态和产融结合等理论，对四川牦牛产业链发展面临的融资现状进行考察，结合金融新技术发展，从产业链金融视角破解四川牦牛产业技术升级面临的资金困局。

第一，本书通过对四川牦牛产业链金融的研究，试图探索在经济“新常态”和“供给侧结构性改革”背景下，产业链在现代牦牛产业发展过程中应有的地位与作用，以及金融业如何契合牦牛产业链发展的需求。这一研究将丰富产业链融资理论的内容。

第二，目前对四川牦牛产业的研究，较多聚焦于牦牛产业化发展或者与牦牛相关农产品的分析，忽视了四川牦牛产业化发展的金融支持研究。本书的研究以四川牦牛产业链金融发展为对象，将在一定程度上弥补四川牦牛产业链金融研究短板，为四川牦牛产业链金融发展提供相应的支持。

第三，本书通过进一步挖掘和展现四川牦牛产业链金融在发展中所潜在的问题，将有助于四川省进一步提升牦牛产业链金融发展和支持技术革新的相关探索。同时，为青海、甘肃以及西藏等地区的牦牛产业链金融发展提供一定的现实借鉴价值。

1.2 概念界定与文献评述

1.2.1 基本概念

1. 产业升级概念及内涵

对产业升级的研究始于20世纪90年代末期，由Gerrifi（1999）等开始，经济学家们意识到产业升级与产业结构调整的联系和差异。产业升级是指从全球价值链的视角，由低技术水平、低附加值状态向高新技术水平、高附加值状态演变的趋势[①]。

在经济发展的某一阶段，市场内资源总量只能有限地满足各生产部门的需求。随着经济发展，生产部门生产规模和市场需求总量逐渐增加，从而导致对生产要素的竞争和争夺，这一竞争和争夺既可能来自同一经济部门内部，也可能来自不同生产部门。当要素市场的供给低于经济部门产生的需求时，生产资料的价格就会上升，从而诱导更多的供给，但供给不是短期内可无限增加的。随着生产资料的价格走向顶点，生产资料的供给也会达到顶点，从而形成“资源壁垒”，并加剧经济生产部门之间的资源竞争。

在利润的驱使下，新兴的经济生产部门会通过提升生产效率、增加产品附加值和改革企业生产结构等方式，来追求利润最大化。部分对此变化应对能力不足或者反应相对缓慢的经济生产部门将有可能步入衰落，并逐步沦为落后部门。同时，新兴产业的兴起将挤占落后产业的市场、资源等空间，并淘汰落后产业，从而带动产业升级与结构转变。因此，产业升级外在就表现为产业结构转变。产业的上游要素市场发展示意图见图1-1、图1-2。

① 陈羽，邝国良．“产业升级”的理论内核及研究思路述评[J]．改革，2009(10):85-89.

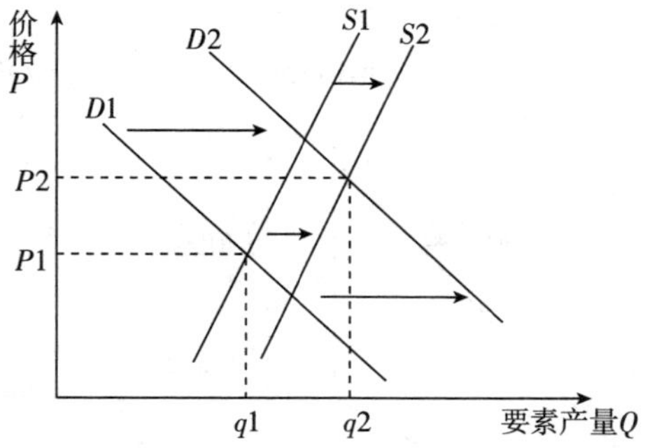

图1－1 产业的上游要素市场发展示意图1

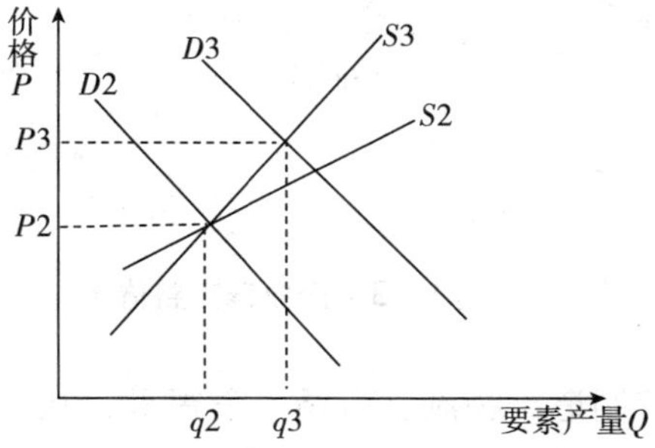

图1－2 产业的上游要素市场发展示意图2

2. 产业链内涵

产业链是产业经济学中的一个概念，是社会分工发展的结果。产业链形成于各个相关产业部门之间的技术经济联系，并基于特定的逻辑关系和时空布局形成链式关联关系。通常产业链包含价值链、企业链、供需链和空间链四个维度（见图1－3）。

同时，产业链可以分为接通产业链和延伸产业链两类。接通产业链是指将一定地域空间范围内的断续的产业部门借助某种产业合作形式串联起来。延伸产业链是指将一条已存在的产业链尽可能地向上下游拓展延伸，从而构成产业链的完整体系。

（1）价值链

价值链由哈佛大学教授迈克尔·波特于1985年在其著作《竞争优势》中提出。他认为，企业要发展独特的竞争优势，就要为其商品及服务创造更高附加值……通过企业基础设施建设、人力资源管理、技术发展、市场

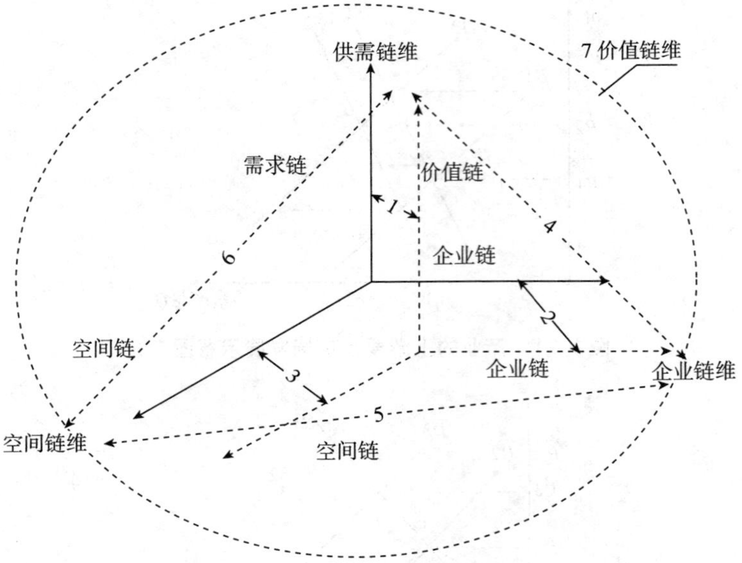

图 1-3　产业链完整体系

采购等行动，支持制造、物流、市场、销售等，从而提升销售总价值。所谓商业策略，就是使企业的经营模式成为一系列的增值过程，而此一连串的增值流程就是价值链。

根据波特价值链理论，企业的价值链可以分为主要活动和支持基本活动两类。主要活动包括入境物流、制造营运、出境物流、市场销售以及服务，此类活动生产价值；支持基本活动主要涵盖企业基础设施、人力资源管理、技术发展和采购，属于辅助性增值环节。每个企业的价值链都包含在这个价值链系统中。产业链则是按照行业价值链开展链条上各企业的价值创造活动，从而实现整个产业链的价值创造①。

（2）企业链

企业链是指由企业实体通过物质、资金、技术等流动和相互作用形成的企业链条。企业链上的各企业彼此之间进行物质交易，从而实现价值的增值，又通过资金的反向流动相互联系。

企业链上的企业和企业链之间形成协同发展关系。企业的活力和优势

① 杜义飞，李仕明．产业价值链：价值战略的创新形式[J]．科学学研究，2004，22(5)：552－556.

决定了企业链的活力和优势，不同点上的企业对企业链的形成和稳定都有一定作用。同时企业链也会对企业进行筛选，通过优胜劣汰，实现企业和企业链的协同发展。

企业链上的企业也通过不同渠道与这条企业链以外的企业进行合作，从而形成不同企业链之间的联系。市场上的企业链构成相互联系的网状结构。网络中，优势企业会形成核心节点，占据优势位置①。

（3）供需链

供需链从扩大再生产发展而来，将企业的生产活动进行前伸和后延。英国物流专家马丁·克里斯托弗（Martin Christopher）教授在《物流与供应链管理》一书中对供应链进行了如下定义：供应链是指涉及将产品或服务提供给最终消费者的过程和活动的上游及下游企业组织所构成的网络②。供需链的中心是企业，从原材料开始，中间程序囊括了制造、加工等环节，最后经销售网络把产品送到消费者手中，将供应商、制造商、分销商和零售商与用户联系成一个整体的功能网络③。1985年，迈克尔·波特提出供应链管理概念，具体是指以相应的信息系统计算机管理技术，将从原材料采购直到销售给最终客户的全部企业活动集成在一个无缝接续流程中④。供应链管理一般包括物流管理、采购和供应链计划以及相关的信息分析与财务管理。最终实现将顾客所需的正确的产品能够在正确的时间，按照正确的数量、正确的质量和正确的状态送到正确的地点，并使总成本达到最佳化。

与此同时，在"长鞭效应"的作用下，整个供应链的变幅会逐步增加，厂商对供应链的掌握会随之减弱。因此，需要通过资讯网络建设提升供应链各厂商彼此的了解度，以快速回应市场需求、降低"长鞭效应"的影响。

---

① 逄元魁．基于企业生命体理论的企业持续成长研究[D]．济南：山东大学，2006.
② 马丁·克里斯托弗．物流与供应链管理[M]．何明珂，等译．北京：电子工业出版社，2012：56.
③ 曹群，姜振寰．产业链的内涵及特性分析[J]．商业研究，2008(11)：133－136.
④ 迈克尔·波特．竞争优势[M]．陈小悦，译．北京：华夏出版社，2005：467.

（4）空间链

产业链在空间的分布形成空间链，可以分为全球、国家、地区三个层次，更重要的是各产业链条之间有种交叉关系。不同地区产业链条的环节之间存在着一种互相组合形成一条新的产业链条的情况。同时，空间链对接主要分三种情况：一是产业链和产业链之间节点的对接；二是整条产业链和整条产业链的对接：三是产业链部分线段和另一条产业链部分线段间的对接。

3. 产业链金融：概念与特征

产业链金融是指金融机构以产业链的核心企业为依托，针对产业链的各个环节，设计个性化、标准化的金融服务产品，为整条产业链上的所有企业提供综合解决方案的一种服务模式。其本质是由金融机构和非金融机构组成的金融服务生态圈，服务的对象由单一企业转变为链群企业，服务主体由银行转变为金融服务链①。其目标在于通过金融服务生态圈将核心企业与上下游供销企业、终端用户整合为一个整体，并通过对信息流、物流以及资金流的有效监管，形成一条业务链和风险控制链，通过参与企业的分工合作最终实现整条产业链的增值，并提升整个供应链企业的整体竞争力。产业链金融网络示意图如图 1－4 所示。

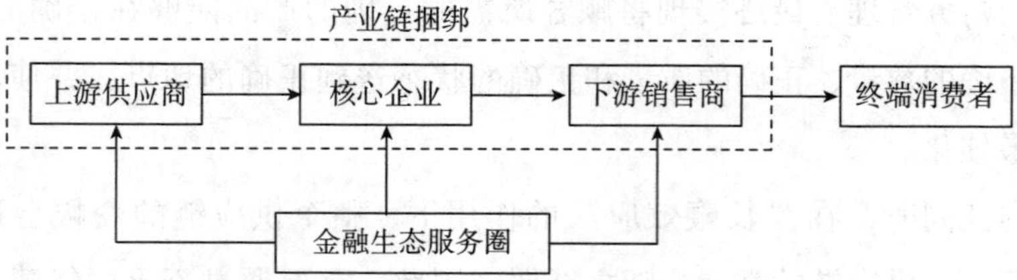

图 1－4 产业链金融网络示意图

产业链金融的运行模式目前有六种：电商生态系统内融资模式、经销商供应商网络融资模式、银行物流合作融资模式、交易所仓单融资模式、订单融资封闭授信融资模式、设备制造买方信贷融资模式。其特点是：首先，在整体上将供应链上的相关企业作为一个整体，风险考量从授信主体

① 洪崎．产业链金融商业模式创新[J]．中国金融，2014(1)：43－45.

向整个产业链转变，资金注入主要针对产业链中最为需要的环节，并有力地提升整个供应链企业的整体竞争力；其次，产业链金融能够根据行业特点和供应结构设定融资方案，进行个性化定制，并对链条中的企业进行资金综合服务管理。

1.2.2　文献评述

1. 产业链金融研究现状

（1）关于产业链金融基本模式

在社会经济发展带来的新需求之下，产业链金融基本模式及内涵不断更新。李科（2015）认为各商业银行应该针对小微企业特点，采取分类批量营销，制定产业集群供应链小微企业主信贷服务方案①。王可丰（2016）对当前的产业链金融产品在定位、途径和政银企合作方面进行分析，认为产业链金融应以产业链整合为突破口，以多层次资本体系为支撑，以网上网下平台为载体，建立综合推进机制②。随着共享经济的兴起，学者们纷纷展开对于产业链金融如何在共享经济中发挥应有作用的研究。刘彬等（2016）研究认为，面对传统企业和电商平台的共享商业模式变革，商业银行也应积极筹划创新转型，以“互联网＋产业链金融”为战略突破口，全面对接共享经济时代，为产业链金融提供全面解决方案③。方燕儿等（2017）深入分析了区块链技术在产业链金融发展中的市场潜力和可行性，同时梳理剖析了区块链技术在我国金融领域的发展环境以及存在的困难，在此基础上为商业银行提出了应对策略④。

在产业链金融与产业研究方面，主要聚焦于农业经济发展。袁梁（2016）以陕西省为研究区域，重点分析了农业产业链融资的内涵、模式

① 李科．创新产业链小微融资模式[J]．中国金融，2015(4):90.

② 王可丰．产业链金融发展模式与路径[J]．科技展望，2016，26(32):211，227.

③ 刘彬，陈涛．共享模式下的产业链金融[J]．中国金融，2016(12):85－86.

④ 方燕儿，何德旭．区块链技术在商业银行产业链金融中的发展探索[J]．新金融，2017(4):24－27.

发展以及绩效表现情况，同时对农业产业链融资提出了相关政策建议①。朱皑璐（2017）则以浙江临海地区的渔业产业为研究对象，提出了渔业产业与“互联网+”的时代发展趋势相结合，加速农村金融创新发展和推进农业产业链融资模式创新的可行性建议②。张雷等（2017）以北芹蔬菜专业合作社开展的“银行+合作社+农户”农业产业链融资模式为研究对象，通过道德风险理论和金融联结理论分析，认为合作社是“银行+合作社+农户”农业产业链融资模式创新能够有效实行的前提条件③。此外，部分学者也较为关注产业链金融在其他产业的应用。如何红霞等（2016）以中药产业为研究对象，认为中药产业链金融服务平台应以商业银行和核心企业的资金为信贷来源，引入平台管理、物流、质量评估等第三方，形成涵盖集成层面、执行层面、评估层面、延伸层面的四维金融服务体系④。

关于产业链金融模式的参与对象的研究主要集中于商业银行和财务公司。如朱磊等（2012）从商业银行业务角度出发，在分析产业链金融融资的内涵、品牌及产品的基础上，进一步探究产业链融资的现状及问题，并提出了有针对性的对策和建议⑤。龙海明等（2015）以财务公司为研究对象，将期权定价模型引入财务公司产业链融资产品的定价中，重点考虑动产抵押物的价值波动以及无风险利率的波动性，认为财务公司可以根据产业链条的主体特点对贷款利率进行优化调整⑥。

（2）关于产业链金融风险识别

产业链金融风险识别是产业链金融研究的热点内容。徐临等（2017）通过对供销社产业链运行模式的分析，认为供销社中的小微企业与农户资产规模小，金融机构流程的可操作性、现行法律的漏洞以及农产品的市场

① 袁梁．陕西省农业产业链融资模式及其绩效研究[J]．农业经济，2016(11):110－111.

② 朱皑璐．农业产业链融资模式创新助推农业供给侧结构性改革——以浙江临海为例[J]．统计与管理，2017(12):68－70.

③ 张雷，许黎莉，陈东平．新型农业经营主体与农业产业链融资创新 ——以北芹蔬菜合作社为例[J]．金融理论与实践，2017(12):53－57.

④ 何红霞，董楠楠．中药产业链金融服务体系研究[J]．对外经贸，2016(9):105－110.

⑤ 朱磊，冯锐．商业银行产业链金融探析[J]．中央财经大学学报，2012(2):23－27.

⑥ 龙海明，李占国，蒋鑫，等．产业链金融视角下财务公司融资产品定价研究——基于模糊B－S欧式看跌期权模型[J]．财经理论与实践，2015(2):2－8.

风险是供销社产生产业链金融风险的主要因素[①]。与此同时，对产业链金融风险识别的研究也取得丰富的成果。首先，在参与产业链金融对象的风险识别方面。刘力（2015）通过对财务公司的产业链金融业务研究分析，认为财务公司的产业链金融风险识别内容应该集中在政策风险、信用风险、操作风险和信息风险等方面[②]。朱艳艳等（2018）以商业银行自营平台的线上供应链金融业务为研究对象，结合其“四流合一”（物流、商流、资金流、信息流）的特点，阐释主要融资模式及其信用风险识别，指出：商业银行、核心企业、物流企业和融资企业之间的信息问题，网络数据与现实交易的不对称问题等是供应链融资信用风险识别的重要环节。[③] 刘津铭等（2016）通过对船舶融资风险评价指标体系的研究，提出资金安全、运营连续性等是船舶融资风险的主要方面[④]。其次，在研究相关的产业方面，已经涉及包括农业在内的众多产业。如张艳婷（2012）运用群组决策特征根法和综合评价法，对农业供应链金融内涵、特点、优势等做出了科学的解释[⑤]。

另外，在产业链金融风险识别方法上，为了能够准确地识别产业链金融风险，田亚娟（2011）以供应链存货质押融资模式为研究内容，通过对第三方物流企业进行实证分析，改进了供应链存货质押融资风险评估框架和风险评估指标体系[⑥]。蒲发尧（2016）基于“上市公司＋PE”并购模式，通过对具体案例的介绍与深入剖析对企业可能出现的财务风险进行识别与控制[⑦]。张佳玮（2016）以平安银行为研究案例，通过模糊层次评价

① 徐临，郭亚涛．供销社产业链金融及其风险[J]．河北金融，2017(4):37－39＋60.

② 刘力．财务公司开展产业链金融业务风险管理分析[J]．煤炭经济研究，2015，35(2):4.

③ 朱艳艳，雷岩．商业银行线上供应链金融的融资模式及信用风险识别研究[J]．西南金融，2018(9):39－44.

④ 刘津铭，袁象．基于航运企业视角的船舶融资风险评价指标体系研究[J]．中外企业家，2016(4):80－82.

⑤ 张艳婷．我国农业供应链金融信用风险管理研究[D]．哈尔滨：哈尔滨工程大学，2012.

⑥ 田亚娟．供应链存货质押融资模式与风险评估指标体系改进研究[D]．成都：成都理工大学，2011.

⑦ 蒲发尧．“上市公司＋PE”并购模式下企业的财务风险识别与控制——基于传媒企业的研究[D]．成都：西南财经大学，2016.

法，从内、外部角度对平安银行供应链金融业务的竞争力进行了相关分析，并根据其业务特点提出了SO的发展战略[①]。程年慧（2016）以海尔财务公司产业链金融为案例，采用案例分析法系统地梳理了海尔财务公司各类产业链金融业务间的逻辑关系，通过定性与定量结合的方法识别海尔财务公司内外风险因素[②]。同时，对于如何破解产业链金融各环节风险识别的难题，李杰等（2013）通过构建农业产业链融资下农户信用评价指标体系及评价标准，对农业产业链融资下农户信用评价做出相应分析[③]。

（3）关于产业链金融风险控制

由于商业银行是产业链金融主要的资金来源，因此产业链金融风险控制的相关研究对象主要集中在商业银行。张箐（2014）通过对商业银行产业链金融风险的研究，认为商业银行应该由单一产业链向产业组合管理转变，由被动接收信息向主动监控整合信息转变，以及由单一营销向全产业链联动开发转变[④]。王俊（2014）从市场竞争角度出发，分析了主要的风险类别以及风险管理措施，最后结合商业银行的具体案例分析了我国商业银行产业链金融的未来发展趋势[⑤]。莫华雄（2016）通过相关研究提出"纵向供应链+横向产业联盟"的发展模式，并对风险控制提出新要求，基于此，提出商业银行必须构建风险管理体系、搭建全面信息平台等建议[⑥]。庞明等（2016）则认为政府和金融机构应当采取完善金融监督管理、构建产业链电子交易平台、成立专业的产业链金融部门、开发专业的信息分析模型、开展广泛的战略合作等措施加强产业链金融风险管理[⑦]。同时，部分学者对产业链金融等其他金融机构做出了相关研究。如龙海明等

① 张佳玮．平安银行供应链金融融资业务及风险研究[D]．广州：广东外语外贸大学，2016.

② 程年慧．财务公司产业链金融服务风险管理研究——以海尔财务公司为例[D]．广州：暨南大学，2016.

③ 李杰，赵子铱，陈毅俊，等．农业产业链融资下农户信用评价方法研究[C]// Symposium of Risk Analysis and Risk Management in Western China，2013.

④ 张箐．商业银行产业链金融发展策略探析[J]．中国流通经济，2014，28(1)：110－116.

⑤ 王俊．我国商业银行产业链金融问题研究[J]．现代商业，2014(9)：150－151.

⑥ 莫华雄．商业银行产业链金融发展与风险控制[J]．大陆桥视野，2016(14)：62－63.

⑦ 庞明，任若雨．基于商业银行视角的产业链金融研究[J]．中国管理信息化，2016，19(15)：94－95.

(2015) 以财务公司为研究对象，通过建立博弈模型分析抵质押制度与声誉机制共同激励下中小企业的行为选择，发现共同激励可以有效扩大财务公司的安全授信边界，既能确保财务公司控制中小企业信用风险，又能增加中小企业的授信额度①。

同时，在产业链金融涉及的产业研究中，马九杰等 (2017) 分析广东省湛江市对虾产业养殖环节和流通环节的价值链金融的运作机制和风险控制机制，认为农业核心组织和金融机构应该基于价值链再造和一二三产业融合的全流程控制进行商业模式和业务模式的创新，从而更好地为“三农”提供金融服务，促进金融普惠②。张一凡等 (2017) 以石油产业链为研究对象，提出通过开发“纸成品油”产品可与“互联网+”相结合，并对接消费金融场景，从而降低产业链金融风险管控③。邹小磊 (2017) 基于产业链的中小企业融资，认为在降低产业链金融风险控制上必须根据中小企业发展的实际情况，制定完善有效的产业链融资监管方法④。孙旭 (2018) 从互联网金融视角出发，通过对内蒙古自治区农村金融发展情况的实地调研，提出依托互联网金融整合资源的手段，以促进该区农牧业产业化为目的，实现互联网金融与农村金融的深度融合即农村互联网金融，通过农牧业产业链全链条的农村互联网金融创新模式的推广来破解农村金融这一难题⑤。

2. 文献评述

通过对以产业链金融为对象的已有研究文献进行梳理发现，关于产业链金融的基本模式、风险识别和风险控制等方面的研究已经涵盖了各个产

---

① 龙海明，蒋支政，李占国．财务公司产业链金融信用风险控制机制研究——基于缓解中小企业融资约束的视角[J]．金融理论与实践，2015(6)：28-34.

② 马九杰，罗兴．农业价值链金融的风险管理机制研究——以广东省湛江市对虾产业链为例[J]．华南师范大学学报(社会科学版)，2017(1)：76-85.

③ 张一凡，丁泉．利用“纸成品油”管理石油产业链价格风险研究[J]．石油化工技术与经济，2017，33(2)：1-6.

④ 邹小磊．基于产业链融资的中小企业融资及风险控制[J]．财会学习，2017(18)：10-11.

⑤ 孙旭．互联网金融视角下的农村金融供给创新模式研究——以内蒙古自治区为例[J]．赤峰学院学报(自然科学版)，2018(1)：64-65.

业，其中以农业为主。同时，不同的学者已经开始尝试运用包括定量分析在内的众多研究方法对产业链金融风险识别与控制进行研究与分析。现有的研究主要集中于对金融产业与经济产业关系的探讨及相关合作建议，在研究视角上主要聚焦于产业合作，鲜有学者站在产业链技术升级的角度，对产业链金融如何适应产业链技术升级产生的新需求、支持产业升级进行研究。

本书希望能够吸收信息技术、金融技术的最新发展，将金融行业支持产业技术发展放在产业链金融升级的高度，对如何支持四川牦牛产业链升级进行创新性思考，为地方经济科学决策提供支撑。

1.3 研究思路、方法与内容

本书将沿着“文献收集与归纳比较—厘清概念、定义问题—提炼研究目标—确定研究框架—问题解决策略—具体实施途径—相关政策建议”的思路展开研究。

通过查阅文献与统计年鉴相结合、一般情况与特殊案例相结合的方式，探析川西高原牦牛产业链现存发展问题、技术升级的必要性及产业链升级改造面临的资金困局，依托金融学、生物学等交叉学科研究方法，综合运用文献分析的比较研究法、实证分析研究方法等探索川西牦牛产业链金融技术支持产业链技术升级的可行途径。

本书主要内容包括：

第 1 章，导论。论述选题背景及意义，对产业链、产业链金融等概念进行界定，并对产业链金融相关文献进行梳理及评述。

第 2 章，产业链金融研究的理论基础。对与产业链金融相关的信息不对称理论、金融生态理论、产融结合理论、农村金融理论进行回顾。

第 3 章，四川牦牛产业链发展现状。从饲草生产、牦牛品种改良及养殖、牦牛屠宰、深加工及销售、产业链配套行业——冷链物流行业方面对四川牦牛产业链源头，上、中、下游各行业生产技术水平、销售利润情况进行分析，描述牦牛产业链发展现状，并对存在的问题进行分析。最后，提出牦牛产业发展建议。

第 4 章，基于价值链的四川牦牛产业升级及其金融需求。本章以产业升级的“结构思路”与“价值链思路”为起点，对“价值链”（Value Chain）思路下四川牦牛产业升级内涵进行解析，并从产业素质与效率的提高、生产要素的优化组合以及工艺流程升级、产品升级、功能升级、价值链升级模式等方面对四川牦牛产业链升级的具体路径进行思考。在此基础上，分别对四川牦牛产业链上、中、下游技术升级的金融需求进行归纳；在归纳四川牦牛产业链升级金融需求特点与现行融资体系金融服务供给特点的基础上，指出现行融资体系的缺陷。

第 5 章，国外产业链金融的实践及启示。本章通过对印度牛奶合作营销联合会（GCMMF）、阿富汗跨越农产品消费市场标准等产业链金融的成功经验进行介绍，从建立产业合作社、打造产业链中的核心企业、专业化的管理和产业链知识培训、成熟的农业金融机构、政府政策支持等方面提供借鉴思路。

第 6 章，基于产业升级的四川牦牛产业链金融体系创新思路。本章结合四川牦牛产业链发展面临的金融障碍，从新型牦牛产业链金融平台构建、区块链技术应用设想、科技金融支持等方面对四川牦牛产业链金融如何支持产业升级进行了创新思考。

第 7 章，推动产业升级的四川牦牛产业链金融发展模式设计。本章对四川牦牛产业链金融发展模式、发展路径、融资服务方案进行了分析，并给出了纵向产业链金融融资服务以及网贷平台服务两大方案。

第 8 章，基于产业升级的四川牦牛产业链金融产品研发与创新。本章进一步对产品创新进行了思考，对贷款产品设计、产业链票据融资、担保产品、贸易金融产品、保理产品等具体的设计原则、产品运作等进行了设想。

第 9 章，四川牦牛产业链金融可持续发展之路。本章从产业链金融发展面临的风险出发，以信保基金、产业链闭环融资模式、产业链增值服务与金融普惠等为研究视角，进一步讨论产业链金融如何实现可持续发展。

第 10 章，四川牦牛产业链金融发展的政策需求。本章通过探讨四川牦牛产业链金融总体发展规划、政策导向、产业引导基金等财政政策，公共信息生产、监管创新、农村金融体系完善等金融支持政策，对适应四川牦牛产业链金融发展需求的政府公共政策供给进行了思考。

参考文献

[1]李录堂，薛继亮．我国农业生产率与农业现代化的关系研究[J]．东南大学学报(哲学社会科学版)，2009，11(6)：15－19.

[2]解安．三产融合：构建中国现代农业经济体系的有效路径[J]．河北学刊，2018，38(2)：124－128.

[3]陈磊，姜海，孙佳新，等．农业品牌化的建设路径与政策选择——基于黑林镇特色水果产业品牌实证研究[J]．农业现代化研究，2018，39(2)：203－210.

[4]陈羽，邝国良．“产业升级”的理论内核及研究思路述评[J]．改革，2009(10)：85－89.

[5]杜义飞，李仕明．产业价值链：价值战略的创新形式[J]．科学学研究，2004，22(5)：552－556.

[6]逄元魁．基于企业生命体理论的企业持续成长研究[D]．济南：山东大学，2006.

[7]马丁·克里斯托弗．物流与供应链管理[M]．何明珂，等译．北京：电子工业出版社，2012：56.

[8]曹群，姜振寰．产业链的内涵及特性分析[J]．商业研究，2008(11)：133－136.

[9]迈克尔·波特．竞争优势[M]．陈小悦，译．北京：华夏出版社，2005：467.

[10]洪崎．产业链金融商业模式创新[J]．中国金融，2014(1)：43－45.

[11]李科．创新产业链小微融资模式[J]．中国金融，2015(4)：90.

[12]王可丰．产业链金融发展模式与路径[J]．科技展望，2016，26(32)：211，227.

[13]刘彬，陈涛．共享模式下的产业链金融[J]．中国金融，2016(12)：85－86.

[14]方燕儿，何德旭．区块链技术在商业银行产业链金融中的发展探索[J]．新金融，2017(4)：24－27.

[15]袁梁．陕西省农业产业链融资模式及其绩效研究[J]．农业经济，2016(11):110－111.

[16]朱皑璐．农业产业链融资模式创新助推农业供给侧结构性改革——以浙江临海为例[J]．统计与管理，2017(12):68－70.

[17]张雷，许黎莉，陈东平．新型农业经营主体与农业产业链融资创新——以北芹蔬菜合作社为例[J]．金融理论与实践，2017(12):53－57.

[18]何红霞，董楠楠．中药产业链金融服务体系研究[J]．对外经贸，2016(9):105－110.

[19]朱磊，冯锐．商业银行产业链金融探析[J]．中央财经大学学报，2012(2):23－27.

[20]龙海明，李占国，蒋鑫,等．产业链金融视角下财务公司融资产品定价研究——基于模糊 B－S 欧式看跌期权模型[J]．财经理论与实践，2015(2):2－8.

[21]徐临，郭亚涛．供销社产业链金融及其风险[J]．河北金融，2017(4):37－39＋60.

[22]刘力．财务公司开展产业链金融业务风险管理分析[J]．煤炭经济研究，2015，35(2):4.

[23]朱艳艳,雷岩．商业银行线上供应链金融的融资模式及信用风险识别研究[J]．西南金融,2018(9):39－44.

[24]刘津铭,袁象．基于航运企业视角的船舶融资风险评价指标体系研究[J]．中外企业家,2016(4):80－82.

[25]张艳婷．我国农业供应链金融信用风险管理研究[D]．哈尔滨：哈尔滨工程大学，2012.

[26]田亚娟．供应链存货质押融资模式与风险评估指标体系改进研究[D]．成都:成都理工大学，2011.

[27]蒲发尧．"上市公司＋PE"并购模式下企业的财务风险识别与控制——基于传媒企业的研究[D]．成都:西南财经大学，2016.

[28]张佳玮．平安银行供应链金融融资业务及风险研究[D]．广州:广东外语外贸大学，2016.

[29]程年慧．财务公司产业链金融服务风险管理研究——以海尔财务公

司为例[D]. 广州:暨南大学, 2016.

[30]李杰, 赵子铱, 陈毅俊,等. 农业产业链融资下农户信用评价方法研究[C]// Symposium of Risk Analysis and Risk Management in Western China, 2013.

[31]张箐. 商业银行产业链金融发展策略探析[J]. 中国流通经济, 2014, 28(1):110 - 116.

[32]王俊. 我国商业银行产业链金融问题研究[J]. 现代商业, 2014(9):150 - 151.

[33]莫华雄. 商业银行产业链金融发展与风险控制[J]. 大陆桥视野, 2016(14):62 - 63.

[34]庞明, 任若雨. 基于商业银行视角的产业链金融研究[J]. 中国管理信息化, 2016, 19(15):94 - 95.

[35]龙海明, 蒋支政, 李占国. 财务公司产业链金融信用风险控制机制研究——基于缓解中小企业融资约束的视角[J]. 金融理论与实践, 2015(6):28 - 34.

[36]马九杰, 罗兴. 农业价值链金融的风险管理机制研究——以广东省湛江市对虾产业链为例[J]. 华南师范大学学报(社会科学版), 2017(1):76 - 85.

[37]张一凡, 丁泉. 利用"纸成品油"管理石油产业链价格风险研究[J]. 石油化工技术与经济, 2017, 33(2):1 - 6.

[38]邹小磊. 基于产业链融资的中小企业融资及风险控制[J]. 财会学习, 2017(18):10 - 11.

[39]孙旭. 互联网金融视角下的农村金融供给创新模式研究——以内蒙古自治区为例[J]. 赤峰学院学报(自然科学版), 2018(1): 64 - 65.

[40]朱卫平,陈林. 产业升级的内涵与模式研究——以广东产业升级为例[J]. 经济学家,2011(2):60 - 66.

第2章　产业链金融研究的理论基础

2.1　信息不对称理论

2.1.1　信息不对称含义

信息不对称，是指交易双方在交易过程中因为信息拥有的不完全对等，信息优势方选择的自利行为可能对交易对手利益造成损害，从而导致市场运行障碍甚至市场交易消失的现象。

信息不对称理论的基本假设就是关于交易信息的分布在交易双方不均衡，一方拥有更多的信息，而这一假设在现实的交易活动中是普遍存在的。

在信息不对称的情况下，掌握更多信息或者拥有信息优势的市场参与者为了使自己的利益最大化，会在交易过程中隐瞒对自己不利的相关信息，选择可能会损害交易对方利益的行为，导致市场上产生逆向选择和道德风险问题。

2.1.2　逆向选择

信息不对称可以分为事前信息不对称和事后信息不对称两种。逆向选择就是事前信息不对称带来的问题。逆向选择是指交易的某一方如果能够利用多于另一方的信息使自己受益而使另一方受损，倾向于与对方签订协议进行交易①。

逆向选择在现实交易中的主要表现是：同一种不同质量的产品在市场上以相同的价格出售，而这一现象就是交易双方所掌握的关于产品质量的信息不同导致的。美国经济学家阿克洛夫经过对二手车市场的长期观察发现：在一个自由市场里，消费者能根据自己的偏好去选择不同价格不同质量的二手汽车，有些消费者出于对价格的考虑而选择质量较低的汽车，而有些消费者愿意为高质量的汽车支付更高的价格。然而在实际交易过程中，消费者因为不了解车的真实质量，几乎没有人愿意为二手车支付更高的价格，他们愿意支付的价格为好车与坏车的平均价。这样，高质量的好车价值被低估，不愿意出售而退出市场；低质量的坏车价值被高估而充斥市场，最终导致高质量车被劣质低价车驱逐出二手车市场。

在借贷市场上，借款人比贷款人有信息优势，他可能隐藏对自己不利的信息获得贷款。越是风险大的借款人，申请借款越积极，因为他的投机行为获利将大于其他类型借款人。而贷款人因为信息不对称，无法分辨借款人的风险状况，很可能将贷款给予最积极申请贷款的高风险借款人。基于此，通常贷款人可能选择不发放贷款，即使市场存在低风险的信用好的借款人。借贷市场因此无法有效运作。

2.1.3 道德风险

道德风险，也称败德行为，是在交易发生后信息不对称条件下，不确定或不完全合同使得负有责任的经济行为主体不承担其行动的全部后果，在最大化自身效用的同时，做出不利于他人行动的现象②。道德风险最初是出自保险经济学的一个术语，是指投保人投了高额保险后，在保险公司不能够完全掌握投保人信息的情况下，投保人可能会增加事故发生率或者让被保险人受伤的可能性，从而获得保险公司的理赔。

在借贷交易中，道德风险是指借款人获得贷款后，隐藏行动，从事高

①② 逆向选择[DB/OL]. [2018-05-11]. https://baike.baidu.com/item/逆向选择/2361024?fr=aladdin.

风险的投资活动，从而损害贷款人利益。借款人的这种机会主义行为导致贷款人缩减贷款或者不愿意发放贷款。

2.1.4　启示

信息不对称理论最早起源于 20 世纪 70 年代，并引入经济和金融领域，在金融市场、金融交易等方面表现出了极具说服力的学术意义。根据该理论，市场中卖方比买方更了解有关商品的各种信息，掌握更多信息的卖方可以通过向信息相对贫乏的买方传递筛选后的有利于自己的信息或者隐藏自己的真实行动而在市场中获利。这种情况在信贷市场中表现为由于事前非对称的信息导致的逆向选择，或是事后的信息不对称引发的一系列道德风险问题，阻碍了信贷市场的正常发展。牦牛产业链金融正是基于利用产业链信息传递来解决借贷中的信息不对称问题，解除产业链上的企业面临的融资障碍。

2.2　金融生态理论

2.2.1　金融生态概念

自然生态是一个不断进行新陈代谢和逐渐完善的动态平衡系统。金融生态和自然生态一样，是一种有机的、动态的具有很多生态学特点的系统。

金融生态理论是把金融视为一种活着的生命体进行研究。这一提法最早出自中国人民银行前任行长周小川。他曾在 2004 年 12 月 20 日“经济学 50 人论坛”、2005 年中国人民银行南宁工作会议、2005 年 3 月 5 日《人民日报》记者采访、2005 年首届中国金融论坛等多个场合中提到“金融生态”一词。

许诺金（2005）结合生态学、金融学相关理论，以及周小川行长的一系列关于“金融生态”的讲话，提出了一个比较系统全面的概念：金融生态是对金融的一种拟生化的概括或比喻，是把金融放到一个特定的环境下去观察分析，把金融看作是一定环境条件下综合作用的结果。就如同生物的生存和发展离不开一定的环境，金融的运行也是不同的环境条件产生不同的金融运行的结果。①

金融运行的环境，被称为金融生态环境，包括法律制度、会计与审计准则、社会信用体系、中介服务体系、企业改革进展及银行与企业关系等多个方面。周小川（2004）认为金融生态环境是影响我国银行业80%的不良贷款形成的外部原因。②

2.2.2 金融生态的特性

金融生态的特性在很多方面近似自然生态。主要表现为：

第一，进化性。进化一词来源于生物学，生物的进化是指生物种群为了适应环境的变化，在一定时间内外貌形态、生理功能等方面发生变化，其遗传基因也发生不可逆的改变。而金融的进化也是如此。随着时间的推移和环境的变化，为了满足人类经济活动的需要，金融在功能特征、组织结构、经营管理方式等方面发生了一系列的变化。具体而言，一开始在简单商品经济条件下，金融主体只有从事简单金融业务的钱庄、典当行等，随着商品经济的发展，最初的钱庄、典当行等被银行取代，银行逐渐发展成为金融业中最重要的金融主体；接着，各种证券机构、保险机构，以及信托租赁等应运而生。在金融主体不断增长的同时，金融功能也不断演化，从最初的借贷中介演变成承担融资中介、信息处理、风险管理等更丰富内涵的体系。

同样，金融生态系统的环境也不断发生变化，其中起主导作用的是金融法制环境的变迁，例如国际政治环境随着各国经济贸易的冲突而不断改变，国内的法律随着各种金融主体、金融产品等的涌现，所规范的内容也不断地扩展和完善，诸如《商业银行法》《证券法》等相继出台，从而使得金融生态系统更加健康地运行。

---

① 许诺金．金融生态论[J]．金融研究,2005(2):32－45.

② 周小川．完善法律制度,改善金融生态[N]．金融时报,2004－12－07.

第二，竞争性。竞争源于生物的自私本性，是自然进化的机制。“物竞天择，适者生存”在金融生态系统中同样适用。回顾世界金融演进历史，从意大利的威尼斯，到荷兰的阿姆斯特丹，再到英国的伦敦，最后到现在的美国纽约，世界的金融中心与其说是变迁，不如说是一个金融帝国的没落，另一个金融王朝的崛起。在这个过程中伴随着许多金融企业的破产和倒闭，以及新的竞争者不断涌入。

特别是在经济迅速发展时期，有风险，但也充满了机遇。如果不能适应变化的环境，就只有被淘汰。竞争迫使金融机构改变策略，不断地创新金融产品、服务方式、经营理念等。伴随金融机构的生存与毁灭，产品与服务的更迭，金融行业的重新洗牌形成新的市场结构、新的市场生态。竞争实现了金融业的优胜劣汰，促进了金融业的发展。

第三，自我调节性。和自然生态系统一样，金融生态系统也有自我调节的功能。金融生态系统通过利率机制、竞争机制、自律机制、市场准入及退出机制等或者在外力的帮助下抵抗风险、自我调节、自我修复、适应环境的变化，保持金融生态系统的稳定与平衡。但是金融生态系统和自然生态系统一样，自我调节的能力是有限的，当出现市场系统性风险时，金融系统的修复功能可能无法应对。例如当存款保险体系发生系统性风险时，其就无力再承担金融安全网的责任。金融市场失灵时，金融系统无法通过自我调节实现稳定与平衡，就需要政治、法律等外力来辅助调节。

第四，创新性。随着金融环境的改变，老旧的金融产品、经营策略无法给金融机构带来收益，金融机构不得不研究、开发出新的更受客户欢迎的金融产品和服务，以改善业务、提高收益。金融生态系统的创新一直伴随金融行业的发展，货币制度从贵金属货币演变到信用货币，货币领域的创新也伴随着汇票、股票、期货等金融产品的创新。同时，金融业务也从简单的资金借贷扩展到投资、保险、理财相融合的丰富范畴。所以，无论是金融主体，还是金融产品和服务都根据金融环境的变化而不断创新。

2.2.3 金融生态系统

许诺金①将金融生态系统分为金融生态环境、金融生态主体、金融生态调节三个部分。金融生态系统结构如图 2－1 所示。

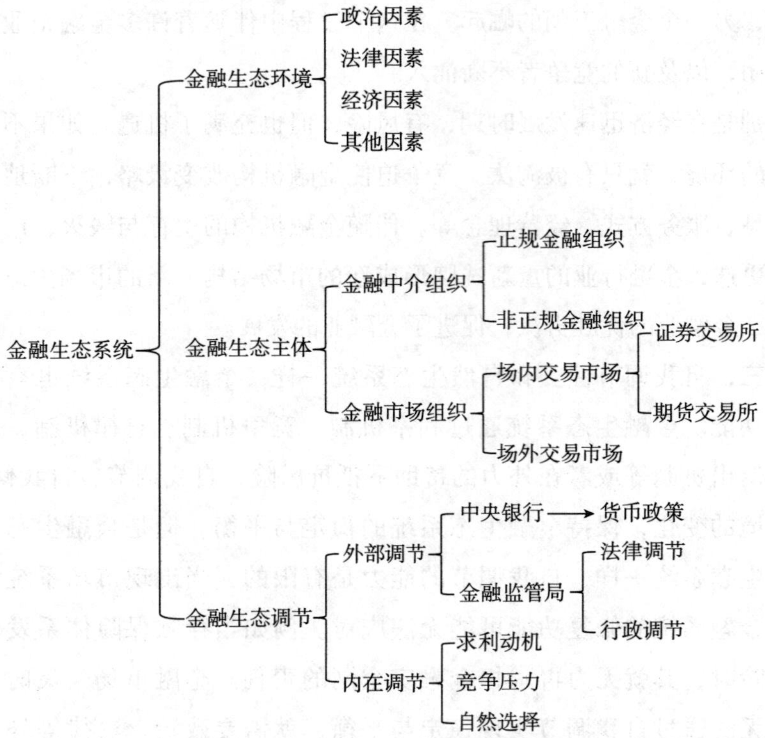

图 2－1　金融生态系统结构

（1）金融生态环境

所有金融生态系统的生存与发展都是在一定的经济、政治、法律、文化条件下进行的，这就是金融生态环境。一国或地区由于其经济发展水平、政治制度、法律体系、文化信仰等的差异，金融生态环境呈现出不同的特点。金融生态环境决定了金融生态主体的生产方式与发展路径，也决定了金融生态修复的方式。金融生态环境的差异决定了金融生态系统运行面临的约束条件。良好的金融生态环境能最大限度地发挥金融生态系统的

① 许诺金．金融生态理论：对传统金融理念的挑战[M]．北京：中国金融出版社，2007.

内部修复功能，使金融生态系统高效运行，实现对资金和资源充分有效的利用，促进地区经济高速发展。

（2）金融生态主体

所谓金融生态主体，就是金融生态系统中提供金融产品和服务的金融中介组织以及提供交易平台的金融市场所构成的统一体，它们追逐利润目标而在系统中获得生存与发展。金融中介组织包括银行、证券、保险等正规金融组织和基金会民间借贷等非正规金融组织，金融市场组织包括证券交易所、期货交易所以及通过通信系统完成交易的场外交易市场。金融中介组织、金融市场组织的种类和数量越多，表明金融生态系统越完善。

（3）金融生态调节

所谓金融生态调节机制，就是维持金融生态相对平衡的机制，也是金融生态失衡的修复机制。金融生态调节主要通过外部调节和内在调节两种渠道实现。

内在调节是在系统内，通过利率机制、竞争机制、市场退出及准入机制实现金融生态主体的优胜劣汰，一般需要完善的市场体制为前提。通过内在调节，可以有效调节金融中介组织和金融市场组织的数量、种类以及自身的经营方式，从而使各金融生态主体适应环境的变化，并不断提高自身经营效率。

所谓外部调节，就是通过来自金融系统外部的力量，如中央银行制定货币政策或者金融监管机构修改相关金融法规，来维持金融生态系统的稳定。一般外部调节对货币当局的操作技术有较高要求，不易把控，亦不稳定，货币政策的失误等极可能引起货币供求关系失衡，甚至诱发金融危机；金融监管过分严格会阻碍金融的发展，过于宽松会危害金融稳定。因此，金融业发达国家在金融生态失衡时，都不会优先考虑外部调节策略。

2.2.4　启示

产业链金融的运作效率与金融生态环境高度相关。对于四川牦牛产业链金融而言，地区经济发展水平、文化信仰等异于其他地区，产业链金融发展具有鲜明的地区特色。

产业链金融生态系统的行为主体之间也是密切关联的。首先，作为产业链金融的中枢，银行必须通过产业链进行能量扩散，以保持产业链上企业的稳定性和凝聚力。银行的能量扩散主要包括为产业链企业提供并共享信息、提供信用支持、控制风险，将技术优势、资金优势等转移到整个系统和其他成员企业中。当然，银行为产业链上企业提供融资支持，产业链企业的融资需求也为银行开辟了新的利润来源，它们是共生互利的关系。

其次，同生态系统一样，随着金融生态系统中的企业主体和银行组织等的发展变化，交易方式的变化，金融风险在不断地演化。为了防止风险累积而给整个金融生态系统带来危机，金融监管主体需要适时进行监管创新，调整监管方式、手段、内容和机制，来维持正常的金融秩序。

产业链生态系统各组成部分之间相互关联的关系说明，在牦牛产业链金融的研究中，不仅要关注各金融主体的改进，也要推进外部金融生态环境的改善。同时，要站在全局的视角处理好各主体间的相互作用关系。

2.3 产融结合理论

2.3.1 产融结合的概念

产融结合的概念起源于20世纪初，它最初的含义是指银行资本对工业资本的渗透与互补，使用的是“金融资本”的概念，意为“金融（银行）+资本（企业）”的融合现象。最初，国外学者对产融结合并没有提出一个明确的定义。1903年，拉法格首次提出“金融资本”这一概念，并且运用“金融资本”的概念描述了银行资本与工业资本之间相互融合的路径与发展趋势。日本经济学家青木昌彦1998年从本国实际出发，从银行和企业的角度研究了产融结合，说明了产融结合模式的形成条件以及对本国经济发展的重要意义。

产融结合是国内学者提出的一种特色化的定义。黄明[①]（2000）认为，

① 黄明. 现代产融结合新论[M]. 北京：中国经济出版社，2000：78.

产融结合有广义和狭义之分。广义的产融结合是指将资本从金融储蓄转化为产业投资的过程，强调金融机制把储蓄转化为投资的作用，而能将资本从储蓄转化为投资的路径和手段就是产融结合的方式。狭义的产融结合是指银行等金融企业与产业部门之间保持资金、人事等方面的紧密联系的联合企业，从而有效降低风险并提高效率。王勇①（2005）认为，广义的产融结合是指金融业发展与产业发展之间以金融资本为纽带，彼此需要，相互促进的过程；而狭义的产融结合是指通过股权和债权的相互关系，金融企业与产业部门实现资本和产权的相互融合的过程。

笔者总结产融结合理论的研究与发展，认为产融结合可以概括为企业与银行等金融部门之间完成储蓄向投资转化的一系列制度安排。

2.3.2　马克思主义者的产融结合理论

马克思认为，竞争一方面使生产资料和劳动者分离，促使分散的生产资料越来越集中；另一方面迫使每一个想要维持他的资本的人不断地设法去扩大其资本，即资本走向集中。随着资本主义生产的扩大、信用的扩张、股份制公司的形成，生产规模不断扩大，进一步加速了资本的集中，从而导致了垄断。马克思关于资本主义竞争、垄断、资本集中、信用、股份公司等的学说，不仅揭示了资本主义发展的一般规律，也为金融资本的研究提供了必要的理论准备。②

拉法格（1903）在《美国托拉斯及其经济、社会和政治意义》一文中，首先用“金融资本”一词来描述工业资本和银行资本相互融合的趋势，对美国垄断经济组织托拉斯作了详细研究，并指出，“托拉斯就是把原先互相竞争的同一类型的工业部门统一在一个管理机构下，在它们的周围又集聚了许多辅助的工业部门和其他有用的企业，用信贷制度支持它们

① 王勇. 新经济形势下产融结合研究[M]. 成都：四川人民出版社，2005：65.

② 中共中央马克思恩格斯列宁斯大林著作编译局. 马克思恩格斯全集：第 23 卷[M]. 北京：人民出版社，1972：748.

去获取原料、燃料、运输工具、资金等”。[①] 他认为托拉斯的形成是需要一定条件的，“托拉斯之所以能够组织和扩展自己的大企业，是因为它们拥有雄厚的资本。这就是说，托拉斯必须以资本的高度集中为前提，这种集中是托拉斯化企业存在的条件。显然，托拉斯必须通过银行的统一组织将工业联成整体；而这种组织会以超过人们想象的速度向前发展”。[②] 相互渗透、相互融合的工业资本与银行资本，最终将形成一种特殊的资本——金融资本。

鲁道夫·希法亭（1910）出版的《金融资本——资本主义最新发展的研究》一书进一步丰富和发展了金融资本理论。希法亭认为股份公司促进了产业资本和银行资本的相互融合，并提出资本二重化的观点，即资本的虚拟化和创业利润的形成。希法亭认为：“资本主义工业的发展使银行业的积累得到发展，积聚的银行体系本身是达到资本主义积聚的最高阶段即卡特尔和托拉斯的重要动力，而卡特尔和托拉斯又反过来影响银行业，使它们合并和扩大，也就是卡特尔化，这样产业资本和银行资本紧密结为一体。”[③] “我们把银行资本，即通过这种途径实际上转化为产业资本的货币形式的资本称为金融资本。对于所有者来说，它总是保持货币形式，它是由所有者以货币资本、生息资本的形式投放出去，并总是能以货币的形式收回。但是，实际上，这种投入银行的资本的最大部分，被转化为产业资本、生产资本（生产资料和劳动力），并在生产过程中固定下来。用于产业资本的越来越大的部分是金融资本，即归银行支配的和由产业资本家使用的资本。”[④] 希法亭还揭示了金融资本形成对经济的负面效应，即金融资本形成导致了垄断，垄断使资本主义之间的矛盾尖锐化，阻碍了经济的发展。

---

① 中共中央马克思恩格斯列宁斯大林著作编译局．拉法格文选：第 1 版[M]．北京：人民出版社，1985：270.

② 中共中央马克思恩格斯列宁斯大林著作编译局．拉法格文选：第 1 版[M]．北京：人民出版社，1985：272.

③ 鲁道夫·希法亭．金融资本——资本主义最新发展的研究：第 1 版[M]．福民，等译．北京：商务印书馆，1994：250.

④ 鲁道夫·希法亭．金融资本——资本主义最新发展的研究：第 1 版[M]．福民，等译．北京：商务印书馆，1994：252.

列宁可谓是金融资本理论的“集大成者”，他在评判性地继承希法亭等前人研究成果的基础上，进一步丰富和发展了金融资本理论。列宁在《关于帝国主义的笔记》中指出了构成金融资本的三个主要因素，即大资本的增长达到一定程度、银行的集中化和社会化作用以及垄断资本形成。在《帝国主义是资本主义的最高阶段》一书中，列宁指出随着银行业的发展，银行由原来的普遍的中介人转变为万能的垄断者，而大企业为了保持自己的独立性，通过购买、交换股权，建立债务关系等方式吞并小企业，建立自己的集团。于是，“生产的集中，从集中生长起来的垄断；银行和工业日益融合或者说结合在一起，这就是金融资本产生的历史的和这一概念的内容”。①

2.3.3　现代产融结合理论

（1）金融资本消失论

金融资本消失论的主要代表人物有 Galbraith、Robert Gordon、Tomlinson 等。他们认为，首先，大企业在“二战”后得到大发展，自有资本大大增加，从而它们不必再依赖银行资本；其次，随着战后资本主义经济的发展，保险公司、储蓄和放贷协会、投资信托资金、证券公司等非银行金融机构得到迅速发展，进一步削弱了银行的作用，银行的垄断地位逐渐消失。金融资本消失论者还宣扬“经理革命论”“管理革命论”和“权力转移论”，认为在当时的资本主义经济中，大公司的实际控制权已经由资本家转移到经理和技术专家等手中，垄断资本家不再居于统治地位。他们认为，随着资本主义经济的发展，大公司、大财团的财富巨额化、股权分散化的特点越来越明显，少数资本家或者财团控制整个公司的现象已经不复存在，反而资本社会化程度越来越高，资本家的垄断地位也不断被削弱。

---

① 中共中央马克思恩格斯列宁斯大林著作编译局．列宁选集：第 2 版［M］．北京：人民出版社，1972：783.

（2）金融机构霸权论

金融机构霸权论的主要代表人物有 Wright Patman、David. M. Kotz、Beth Mintz、Michael Schwartz 等，他们认为大公司的实际控制权掌握在大部分金融机构手中而不是公司经理。1966—1968 年发布的《帕特曼报告》认为，进入 20 世纪后，因为银行控制了大量的货币资本以及贷款的权力，许多非金融企业不得不向其融资。“二战”后，大公司的股权并没有分散化的趋势，而是被银行所掌握，银行则通过股权、债务关系以及向企业派驻代表等间接、直接地影响企业经营决策，导致企业的决策倾向于银行的意志，所以企业无论是人事还是资本都受到银行的控制。1986 年，贝恩·明兹（Beth Mintz）和米切尔（Michael Schwartz）在《美国企业的权利结构》中提出了“金融机构霸权论”。

他们认为，首先，在当时，企业之间是不完全竞争的关系，金融企业与工商企业之间存在严重的相互依赖关系，而这种相互依赖是不对称的，因为银行在资本的流动性、可选择性等方面有着明显优势；其次，银行比企业更容易联合起来，削弱分散的工商企业的谈判能力；最后，银行等金融机构还通过行使投票权，控制企业的经营决策，迫使企业做出迎合其意志的决策，所以他们认为金融机构实际上支配和控制着工商企业。

金融机构霸权论与马克思主义金融资本理论相比，更侧重于对银行和工商企业的关系的分析而不是垄断资本的性质。所以，金融机构霸权论认为金融资本对社会经济关系的影响仅限于经济制度，而不包括社会制度。

（3）银企关系论

20 世纪末 21 世纪初，许多经济学家加大了对产融结合问题的研究，青木昌彦、休·帕特里克等对日本的主银行体系进行了系统的分析和研究。他们从企业与银行关系的角度出发，既考察了企业和银行之间的内部组织结构，又分析了它对宏观经济的影响，比较系统地解释了产融结合及其模式对一国经济增长的重要意义，丰富了传统金融理论的研究思路。

青木昌彦、休·帕特里克等在《日本主银行体制及其与发展中国家经济转轨中的相关性研究》一书中指出，“主银行体制”不仅表示企业与某个银行之间长期的信贷关系，还包括相互持股、提供管理资源、派驻代表、提供各类金融服务等。他们通过将日本主银行体制、德国银行体制以及公司治理等与发展中国家、转轨经济国家进行对比分析，为欠发达国家金融制度的变革提供了可借鉴的经验和建议。

2.3.4　启示

产融结合理论为如何降低牦牛产业链企业的融资成本以及风险、合理配置产业链资源、提高银行和产业链企业的利润提供了思路。

第一，产业链金融有利于对企业融资提供支持，有利于合理配置银行信贷资源。由于关联交易、客户集中度等制度的约束，抑制了银行的金融资本对实体产业的支持。产业链金融通过企业链条，银行能够对整条产业链进行整合与控制，让资金流向产业链各环节，将原本借贷给核心企业的资金分配给产业链其他企业，从而对产业链企业的信贷规模进行合理的调整，满足链条上企业流动资金需求，提高上下游企业的供应能力和购买能力，平衡产业链各企业的生产运营能力。再加上产业链融资中，银行能够深入参与实体企业的生产运营，更有效掌握产业链企业发展的金融需求和所在市场环境的变动，提供更适合产业链企业发展的金融服务，达到合理配置产业链资源的目的。

第二，产业链金融有利于控制融资成本与信贷风险。银行通过产业链金融能够获得有效的市场需求以及产业链企业的生产能力、业务规模等信息，能够深入了解核心企业和上下游中小企业之间的交易状况，核实产业链企业的信用状况及真实的交易信息，对资金流、物流实施有效监控，从而降低管控供应链金融业务风险的成本以及产业链企业融资成本。同时，银行通过与产业链企业共享信息，能够准确预测市场动向及存货质押品价格变动的趋势，在未来可能遇到的存货价格下跌等风险出现之前采取防范措施，从而降低银行的信贷风险。再加上产业链金融能满足产业链企业的资金需求，确保产业链企业生产经营的稳定运行，从而增强产业链企业支付货款、供应物资的能力，确保了核心企业能够收到账款以及预付账款下的货物，降低坏账的规模。

第三，银行通过与产业链企业共用客户渠道、共享产业链资源，降低了业务运作成本。同时，银行可以利用产业链企业拥有的客户资源与品牌效应，实现产业与金融交叉销售，扩大产品和服务边界，进而扩张银行利润来源，优化盈利结构。

2.4 农村金融理论

农村金融理论的发展大致经历了农业信贷补贴理论、农村金融市场理论以及农村金融市场不完全竞争理论三个阶段。这三个理论在我国农村金融领域的研究中被广泛讨论和使用，通过这三个理论引申出的政策主张也对我国农村金融改革、农村金融市场发展产生了重要影响。

2.4.1 农业信贷补贴理论

20 世纪 80 年代之前，农业信贷补贴理论（或称农村金融管制理论）是农村金融理论中的主流学说。该理论假设，农业生产效率低下等原因导致农村居民收入低下且无其他收入来源，农村居民特别是贫困阶层没有储蓄能力，农村储蓄能力低且储蓄转化为投资的部分更少，农村资金供给不足；同时，由于农业的产业特性（收入的不确定性、投资的长期性、低收益性等），农村金融市场一直备受以利润最大化为目的的商业性金融机构的冷落，得不到有效的外部资金支持。因此，政府应该在农村地区积极注资，而不是单纯地依赖农村的自有资金的积累。

为了增加农村地区的投资，扩大农业生产，缓解农村贫困，需要从农村外部注入政策性资金，同时需要专门的政策性金融机构来进行资金分配，实施供给（信贷）先行的农村金融战略。

在引导外部资金进入农村金融体系时，需要建立政府主导的金融体系，解决农村融资成本问题。由于农民收入的不稳定性，农民无法承担银行等金融机构普遍较高的融资成本。农业生产率低，融资成本高，为缩小农业与其他产业之间的结构性收入差距，对农业的融资利率必须较其他产业低。政府不得不通过行政手段下压农村的融资利率以降低农业的成本，实现对农村的补贴。

另外，在发展中国家，正规金融机构少，信贷制度落后等问题在农村尤为突出，农民很难从正规金融机构以较低的利率获得资金，从而选择以高利贷为主的民间借贷方式，这就使农民背负了更高的融资成本，使得农户更加穷困，阻碍了农业生产的发展。如果在政府的引导下，通过银行的农村支行和农业信用合作组织，将大量低息的政策性资金注入农村，不仅可以有效解决农民融资难的问题，而且可以最大限度压缩民间高利贷的生存空间。

农业信贷补贴理论认为，农村自我积累低下，农村金融的战略重心应该放在信贷供给的政策帮扶上，以此解决农民的融资需求尤其是农民中贫困阶层的需求。

在 20 世纪 50 年代，一些发展中国家在农业信贷补贴理论的指导下，建立了许多由政府主导的政策性金融机构，加大对本国农村地区低利率的资金供给，其中有些国家还通过强制措施来遏制高利贷等民间金融。以贫困阶层为目标的专项贷款也兴盛一时。

这些措施在一定程度上给农村经济发展带来了正向的效应，有效解决了农村经济主体的融资问题。但是通过政府主导将资金转移到农村经济主体的模式也存在固有的缺陷，主要表现在：

首先，农村金融机构发展不足。农村金融机构成了政府实行农业信贷政策的工具，不必再为发放贷款而主动去吸收存款，缺少经营责任的农村信贷机构也缺少有效地监督借款者投资和偿债行为的动力，这样会造成借款者故意拖欠贷款。Avishay Braveman 和 Monika Huppi（1991）认为，发展中国家把满足农村地区信贷资金需求作为政策目标，政府在评估政策效果时往往以信贷审批效率和信贷总额作为考量标的，却忽视了信贷资金偿还的后续监管，一方面导致信贷资金回收效率低，甚至收不回来；另一方面导致农村金融机构的自我可持续发展能力愈加薄弱。此外，要求农村金融机构向农村提供低利率的资金，但是农村地区的储蓄却流向其他金融机构，从而使农村金融机构发展困难。农村金融机构以低于市场水平的利率向农村经济主体提供资金，也导致农民缺乏储蓄的激励，这使得信贷机构无法动员农村储蓄以建立自己的资金来源，从而农业信贷成为纯粹的财政压力。

其次，以低于市场均衡利率发放贷款，使得农村贷款机构无法补偿由于贷款给小农户而造成的高交易成本，信贷分配就会偏向于大农户，这使得低息贷款的主要受益人不是农村的穷人，低息贷款的补贴被集中并转移到使用大笔贷款的较富有的农民身上。哈亚玛（1986）认为，在实际生活中，低利率的信贷资金往往被富裕的农村经济主体所利用，而贫困阶层的融资需求却没有得到有效的满足。奥多姆（1984）也认为补贴在很大程度上破坏了原有的政策目标，其原因是富裕的农民等非目标受益主体更容易获得政策性的低利率资金，背离了政府实行信贷补贴政策的初衷。

农业信贷补贴政策会逐渐损害农村金融市场的可持续发展能力，导致信贷机构活力的衰退，最终使得农业信贷补贴政策代价高昂，但收效甚微。农业信贷补贴理论的假设前提本身也是错误的，许多亚洲国家的经验表明，如果存在储蓄的机会和储蓄激励机制，大多数贫困者会进行储蓄。此外，许多经验表明，由于贷款用途的可替代性，低息贷款政策也很难促进特定的农业生产。

2.4.2 农村金融市场理论

随着对农村金融市场研究的不断深入，20 世纪 80 年代，农村金融市场理论逐渐取代了农业信贷补贴理论。农村金融市场理论是在对农业信贷补贴理论进行批判的基础上产生的，强调市场机制作用，其主要理论前提与农业信贷补贴理论完全相反：

第一，农村居民以及农村贫困阶层都有储蓄的能力。当利率达到一定的高度时，对储蓄产生激励，如果有存款机会，农民以及其他贫困人口都会对储蓄有一定的需求，所以农村的资金需求通过内部系统就可以得到供给，不必从外部注入。

第二，农民的储蓄意愿与存款利率存在正相关关系，当存款利率较低时，农村储蓄额也会较低，从而阻碍了经济的发展；低息政策妨碍人们向金融机构存款，抑制了金融发展。

第三，农村金融机构对外部融资体系依赖性大，农民过度依赖政府的低利率贷款，导致后期还款减少、资金回收率低。

第四，由于农业收入存在不稳定性，对于金融机构而言，农业信贷风险较高，根据高风险与高收益相匹配的原则，农村非正规金融的高贷款利率是合理的。

农村金融市场理论以新古典经济学为其理论基础，完全依赖市场机制，该理论认为农业信贷补贴等政策性金融策略会在很大程度上扭曲农村金融市场，同时强调利率市场化。

该理论认为，利息补贴应对补贴信贷活动的一系列缺陷负责。低利率政策极大地影响了农村储蓄的积极性，利率市场化可以鼓励金融中介机构有效地动员农村储蓄，这将使它们降低对外部资金来源的依赖。此外，利率市场化也可以使农村金融中介机构补偿其经营成本，获得适当的利润。只有以利润最大化为目标时，才能充分调动其吸收农村储蓄和有效控制风险、加强贷款监管的积极性，实现可持续发展。该理论也论证了非正规金融机构存在的合理性。

因此，该理论认为农村金融改革应该从以下五个方面着手：

第一，储蓄动员是关键。发挥好农村金融机构的中介作用，不仅要发放贷款，更要积极吸收农村储蓄，从而使资金由盈余部门流入短缺部门。

第二，实际存款利率不能为负数。要让农村信贷市场的供求关系来决定利率的高低，只有在排除了通货膨胀以及其他因素干扰后实际利率仍然为正时，农村的资金需求和供给才能达到均衡。

第三，农村金融成功与否，应该以金融机构的成果（资金中介额）、业务的可持续性以及独立营运能力为依据。

第四，转变原针对特定群体的信贷政策，没有必要实行为特定利益集团服务的目标贷款制度。

第五，农村非正规金融机构的存在是合理的，不应无理取消。应发挥其功能，弥补农村正规金融机构信贷资金供给的不足，将正规金融市场与非正规金融市场结合起来。

农村金融市场理论虽然替代了农业信贷补贴理论，但它的功效或许并没有想象中那么大。例如，通过利率市场化能否使小农户充分地得到正式金融市场的贷款，仍然是一个问题。尤其是农村信贷市场的高成本和合格抵押品的缺乏，小农户可能仍然不能获得足够的资金，所以，完全依赖市场机制来分配农村资金，可能存在较大的问题，农村金融市场仍然需要适当的政府介入以保护小农户的利益。

2.4.3 农村金融市场不完全竞争理论

20 世纪 90 年代，东南亚等市场经济国家爆发的金融危机，使人们意识到市场机制也有其严重缺陷，仍需要一些社会性的、非市场的要素去支持它。

农村金融市场不完全竞争理论（或称农村金融约束理论）取代了农村金融市场理论，农村金融市场不完全竞争理论是以 2000 年诺贝尔经济学奖获得者斯蒂格利茨的不完全竞争以及不完全信息理论为基础的。

其基本框架是：发展中国家的金融市场不是一个完全竞争的市场，尤其是在借款人与贷款人之间存在严重的信息不对称问题。如果完全依靠市场机制，可能无法培育出一个社会所需要的金融市场。为了补救市场的失效部分，有必要采用诸如政府适当介入金融市场以及借款人的组织化等非市场要素。

斯蒂格利茨认为农村金融市场失灵的主要原因有：①信息的不对称必然造成市场的不完全竞争；②由于市场信息的不完善，信息搜集的成本较高，导致市场无法达到帕累托最优；③信息不对称导致投资者缺乏有效信息。以上原因说明出现市场失灵问题时，无法由市场机制单独解决。

农村金融市场不完全竞争理论认为政府适当的干预对于弥补市场失灵是必要的，为政府介入农村金融市场提供了理论基础，但显然不是农业信贷补贴理论的翻版。农村金融市场不完全竞争理论认为，尽管农村金融市场存在的市场缺陷要求政府和提供贷款的机构介入其中，但发展中国家农村金融市场的非市场要素介入，首先应该关注改革和加强农村金融机构，排除阻碍农村金融市场有效运行的障碍。这包括消除获得政府优惠贷款方面的垄断局面，随着补贴的逐步取消，优惠贷款逐渐面向小农户；利率管制要使农村金融机构可以完全补偿成本等。

农村金融市场不完全竞争理论还强调，借款人的组织化等非市场要素对解决农村金融问题相当重要。Ghatk（2000）、Laffont 和 N' Guessan（2000）等研究表明，小组贷款能够提高信贷市场的效率；Ghatak（1999，2000）、Ghatak 和 Guinnane（1999）、Tsaael（1999）等的分析模型证明，小组贷款有效地解决了逆向选择问题；Besley 和 Stepthen（1995）、Stiglitz（1990）的研究表明，在小组贷款下，同一个小组中的同伴相互监督可以约束个人从事风险性大的项目，有助于解决道德风险问题。

因此，农村金融市场不完全竞争理论为新型的小额信贷提供了理论基础。新模式的小额信贷强调解决农村金融市场上的信息不对称和高交易成本问题，而旧模式的小额信贷强调通过便宜的资金帮助穷人，基本上是农业信贷补贴理论的翻版，由于忽略机构的可持续性而难以为继。

农村金融市场不完全竞争理论的政策主张包括：

①保持经济的稳定以及较低的通货膨胀率是确保金融市场稳定繁荣的根本。

②应有计划地稳步推进利率市场化，保持实际利率为正。

③为保护农村金融机构的稳定发展，有必要采取一定的特殊政策，如适当提高农村金融市场的准入门槛、限制新参与者等。

④为了保证信贷资金的回收率，解决农村金融的信息不对称问题，应该鼓励借款人通过合作（组建联保小组）、担保等方式获得融资，同时将融资和借款人的实际销售（如肥料、作物等的实物买卖）结合起来。

⑤政府应该扶持农村非正规金融机构，鼓励农村金融市场的公平竞争。

2.4.4　农村金融理论比较

王曙光、乔郁等所著的《农村金融学》一书，对农村金融的三个理论做了详细比较，具体如表 2 - 1 所示。

表 2-1　农村金融三个理论的比较

派别	农业信贷补贴理论	农村金融市场理论	农村金融市场不完全竞争理论
政府干预市场	有必要，政府在农村金融发展中扮演重要角色	没有必要，重视市场机制	政府进行适当干预弥补市场的失败
利率管制	通过利率管制维持低利率	让市场决定利率水平	逐步放松利率水平，并维持正的实际利率
金融机构管制	通过优惠政策保护农村金融机构，并实施管制	没有必要实施管制，鼓励金融机构的公平竞争	逐步放开对金融机构的保护和管制
资金筹集方式	政府建立机构从外部注入资金	通过农村金融内部系统满足资金的供需，反对从外部注入	基本靠农村内部融资，外部资金只作为补充
资金回收方式	进行指导性贷款，不注重信贷资金的回收	运用市场性手段提高资金回收率，保持农村金融的自我可持续发展	改善信息不对称，利用合作、担保等方式融资，提高资金回收率
非正规金融	非正规金融阻碍了农村经济发展，应该取消	非正规金融有其存在的合理性，应让其规范发展	政府有必要介入非正规金融，以提高非正规金融的效率
政策性金融	通过政策性金融，向贫困阶层提供专项贷款	政策性是无效的，应通过农村内部融资满足资金需求	在不妨碍金融市场竞争的情况下，实施适当的政策性金融

资料来源：王曙光，乔郁，等．农村金融学［M］．北京：北京大学出版社，2005.

2.4.5　启示

我国农村金融在整个金融体系中处于一个被抑制且被边缘化的位置。结合我国农村金融的发展现状，不难看出：农村金融市场不完全竞争理论能够较为深刻地解释我国农村金融发展的现状，与农业信贷补贴理论和农村金融市场理论比较而言，该理论对于我国具有更强的现实性和可操作性。因此，在对牦牛产业链金融的研究中，一方面要积极引导民间资本进入农村金融市场，加快培育村镇银行、农村资金互助社等新型农村金融机构；另一方面要利用产业链（借款人的组织化）来解决农村信贷市场面临的信息问题，并从此进行创新。

参考文献

[1] Akerlof G . The Market for Lemons: Quality Uncertainty and the Market Mechanism[J]. Quarterly Journal of Economics,1970(84):488 – 500.

[2]彭泰中,廖文梅. 信息不对称理论下的农产品市场风险研究——从农民承担的风险视角分析[J]. 农机化研究,2007(5):8 – 11.

[3]马晓丽. 我国农产品市场信息不对称问题研究[D]. 泰安:山东农业大学,2010.

[4]许志忠. 信息不对称理论及其经济学意义[J]. 经济学动态,1997(1):66 – 69.

[5]徐林. 对金融生态研究的反思[M]. 北京:中国金融出版社,2005.

[6]许诺金. 金融生态论:对传统金融理念的挑战[M]. 北京:中国金融出版社,2007.

[7]青木昌彦,帕特里克. 日本主银行体制[M]. 北京:中国金融出版社,1998.

[8] 中共中央马克思恩格斯列宁斯大林著作编译局. 马克思恩格斯全集[M]. 北京:人民出版社,1972.

[9] 中共中央马克思恩格斯列宁斯大林著作编译局. 拉法格文选[M]. 北京:人民出版社,1985.

[10]鲁道夫·希法亭. 金融资本:资本主义最新发展的研究[M]. 北京:商务印书馆,1994.

[11] 中共中央马克思恩格斯列宁斯大林著作编译局. 列宁选集[M]. 北京:人民出版社,1972.

[12]黄明. 现代产融结合新论[M]. 北京:中国经济出版社,2000.

[13]王勇. 新经济形势下产融结合研究[M]. 成都:四川人民出版社,2005.

[14]王曙光,乔郁,等. 农村金融学[M]. 北京:北京大学出版社,2005.

第3章 四川牦牛产业链发展现状

3.1 产业链源头——饲草生产

饲草产业是现代畜牧业的基础，也是衡量一个国家畜牧业发展水平的重要依据。饲草作为四川牦牛产业链的源头，草品种、产量、品质及耐牧性等都直接影响着牦牛的养殖规模和数量。因此，发展牦牛产业链，加大饲草产业的投入必不可少。据2011年四川草原监测报告，四川草原面积共有3.13亿亩，占全省面积的49%，可利用天然草原面积为2.16亿亩，占全省草原总面积的84.7%。其中阿坝、甘孜等高原牧区有着大量集中连片的天然草原，占据全省天然草原的70%以上。可见，高原牧区饲草生产在牦牛养殖中占据重要地位。

3.1.1 四川高原牧区饲草生产现状

四川高原牧区横跨国家“两屏三带”中的两屏，是国家生态安全战略——青藏高原生态屏障、川滇生态屏障的重要组成部分。其中牦牛养殖是牧区重要的经济支柱，是农牧民的重要收入来源。作为四川省主要的牦牛养殖生产基地，自改革开放以来，四川高原牧区发展迅速，以牦牛养殖为代表的草原畜牧业经济持续增长，这得益于饲草生产方式和生产基础的改善。

目前，四川高原牧区主要存在三种饲草生产方式：一是以家庭为单位的小规模的种植，自给自足；二是专业化生产与规模化结合，这大多都是相关饲草企业生产方式，且分为天然牧草收割加工和人工饲草种植加工两种生产方式；三是在政府号召下的退耕还林还草。

依托于广阔的草原和畜牧业的巨大需求，四川省饲草产业蓬勃发展，涌现了一批较有实力的饲草加工销售企业，以芒麦草、燕麦、青贮草调制为主。但四川高原牧区饲草生产还存在许多问题，主要表现在以下几个方面：

一是天然草场退化现象严重。在饲草产业蓬勃发展的过程中，由于对天然草场的过度开发和不合理利用，使得草场超载、荒漠化现象严重。这极大地影响了草场饲草生产能力、草料适口性等，对牦牛养殖等畜牧业造成较大损失。尽管目前实施了退耕还林还草，但效果并不是很好，尚无法从根本上缓解草场退化的问题。

二是人工饲草利用率不高。人工饲草种植是目前高原牧区大力推行的饲草生产方式，极大地弥补了春冬季节牦牛饲草短缺的问题，为牦牛养殖的舍饲与补饲奠定了基础。但是，目前人工饲草利用率较低，存在忽视种植培育、轻视管理等现象，许多人工草场还未完全成熟就被投入使用，导致人工草场质量不高，饲草生产能力低下，甚至出现草场毁灭现象。

三是投入不足，发展缓慢。由于对饲草生产的认识不足，牧区在饲草产业上投入不足，饲草生产水平远远跟不上发展需要。此外，饲草生产科技水平较低，许多牧区还在用传统的自然干燥法来调制青干草，缺乏市场竞争力。

四是缺乏地方饲草加工龙头企业带动。虽然牧区牦牛养殖已经慢慢走向现代化规模养殖，但是与之相匹配的饲草规模化生产却还无法达到要求。在饲草生产过程中，饲草生产户没有统一的行业标准，导致饲草质量参差不齐。由于地方饲草加工企业规模小，带头能力不强，难以形成地区带动作用，导致优质饲草销售不畅，饲草产业收益不高，牧民种植积极性受到影响，进而导致饲草生产能力下降。

总的来说，四川饲草生产发展迅速，但还存在一些问题，影响牦牛产业链的可持续发展，需要我们密切关注。

3.1.2 饲草生产技术

饲草生产是牦牛养殖业的重要产业源头，提高饲草生产水平至关重要。在四川高原牧区，干草是畜牧养殖主要的草料来源。干草是指天然或人工栽培的牧草和饲料作物等收割后，经过自然晾晒或人工干燥处理，使之水分下降到17%以下，可以长期贮存的饲草，其因便于运输保存而广受欢迎。

经过几十年的发展，干草的调制技术不断进步。目前干草调制主要可以分为机械处理和化学处理两种方式。前者是通过机械将牧草茎秆压断，后者是通过化学干燥剂破坏牧草内部角质层，两者都是为了加快牧草水分的排出，延长牧草保质期。其中，在化学处理过程中，还会在干草内放入化学添加剂，增加干草的微量元素，提高饲草营养。但是，在青干草的调制过程中，一些牧区仍然采取传统的自然干燥法，即将收割的饲草就地晾晒，这样虽然成本较低，操作简单方便，但这种粗犷的方式容易使饲草的营养流失。因此，在饲草生产技术方面，我们要在牧区大力推广机械和化学技术，最大限度地保留饲草营养，提高生产效率。

长期的实践证明，青贮是较为实用的饲草生产技术。青贮是把鲜棵植物品种压实封闭起来，使贮存的青饲料与外部空气隔绝，造成内部缺氧，致使厌氧发酵，从而产生有机酸，可使鲜棵饲料保存经久不坏，是一种既可减少养分损失又有利于动物消化吸收的贮存技术或方法。20 世纪 70 年代以来，四川高原牧区便进行过一些青贮饲料的生产研究，取得了不错的进展。青贮干草、青贮玉米、青贮燕麦等目前在牧区已较为普遍，极大地提高了饲草供应，缓解了饲草冬春短缺的困境，而且青贮饲草能最大限度地保留饲草的营养物质，适口性好，十分有利于牦牛等牲畜的生长发育。

在草种改良方面，四川高原牧区也有一定研究和实践。由于牧区海拔较高，平均气温较低，这里种植的饲草都必须耐住严寒。经过长期的实践改良，以红豆草、披碱草、黑麦草、老芒麦和紫花苜蓿等为代表的饲草在高原牧区被广泛种植。这些草种都经过了改良，适合在高寒牧区生长。在科研人员的进一步研究指导下，在种植方式上又进行了改善，这有利于草种进一步适应当地气候环境。根据相关研究，混播能够改善草种质量，提高饲草产量，其中以老芒麦和紫花苜蓿混播效果最佳。

大麦是四川高原牧区重要的作物，多被用作食物和酿酒的原料。大麦十分耐寒，而且高产，适口性良好。随着四川高原牧区畜牧业的发展，对饲草需求越来越大，在老芒麦、紫花苜蓿等草种之外，人们又把目光聚集在了大麦上。改大麦粒为草饲料，是解决高原牧区饲草短缺的重要措施。大麦可以在 10 月中旬至 11 月上旬种植，在科学合理的种植下，大麦能够安全过冬，而且，一年能收割 7 ~ 9 次，有效地解决了牦牛等畜牧养殖冬春饲草短缺的状况。近年来研究的“川农饲麦 1 号”为春性中熟六棱大麦，生育期长、长势旺，适合做饲草生产。大麦饲草料要注意的问题就是科学种植，这需要一定的专业指导。

3.1.3　草地改良和牧草购买情况

随着牦牛养殖等畜牧业的持续发展，四川高原牧区也面临着各种压力，许多草场退化、超载、鼠灾虫害问题突出。针对牧区目前的各种问题，立足于生态治理和保护，当地政府制定了一系列措施对草地进行改良，取得了一定效果。

草场退化主要是超载、过度放牧，导致草地产草量低下，可食性草比重低。为了对退化草场进行改良，当地政府采取了如下措施：一是围栏封育。通过一年的围栏封育，可以使牧草得到充分生长，产量显著提高。二是浅耕补播。适用于植被覆盖度不低于 30%、肥力尚存的草地。在雨季来临前采取浅耕补播方式，尽量不破坏原生态植被，及时补播优质牧草。耕翻后第一、第二年不能放牧，可采取刈割利用。一般增产 60% 以上，改良效果能持续 10 年以上。三是翻耕补播改良，适用于植被覆盖小于 30% 的草地。通过这种方法，可以改变草群组成，增加植被覆盖，提高草场生产能力。

沙化地治理方面，通过埋置沙障固水保土（稿秆等）、混播抗旱固沙的多年生牧草，如披碱草、沙打旺、紫羊茅等逐步恢复草地生态。草地退化后土壤中供牧草吸收的有机物质大大减少，但是可以通过施肥慢慢恢复土壤营养物质，有条件的通过围栏草地施肥来改良草地。

此外，牧区积极响应政府退耕还林还草行动，着力实施退牧还草工程和人草畜三配套升级深化工程，大力推进畜种和草种改良，加快牦牛品种改良，推行舍饲、半舍饲圈养和轮牧、休牧相结合的科学饲养方式，许多草场改良情况都取得了很大进展，最大化地合理利用草场生产力，有力地支持了牦牛养殖等畜牧业的可持续发展。

在以往饲草供给不足之时，牧区也会购买牧草作为储备，用来应对冬春补饲和放牧补饲，主要是从青海省或者四川省农区购买。但随着人工草场的大量种植、各种作物饲料的研究开发以及传统放养模式向舍饲与放牧结合的转变，牦牛生长期与饲草供给错配问题逐步得到解决，本地牧区购买牧草的情况已经大大减少。

根据当前实际，四川牧区畜草改良应遵循以下思路：以科技为支撑，投入为保障，加强种源基地建设，大力开展草地改良，提高生产能力和质量；以市场为主导，立足牧区资源优势，突出特色，推行产业化经营，提高经济效益，促进牧区现代畜牧业发展和农牧民增收。

3.2 产业链上游——牦牛品种改良及养殖

由于特殊的自然条件和生态环境，牦牛大都以自然放牧为主，与其他奶牛、肉牛品种相比，牦牛养殖体系不健全、结构不合理，养殖中饲料短缺、基础设施薄弱等因素都严重制约着牦牛产业链的发展。因此，如何提高牦牛良种制种供种能力，改良牦牛品质，提升牦牛产业的发展水平，是四川牦牛产业链发展迫切需要解决的问题。接下来，我们从牦牛品种改良入手，来了解牦牛产业链的具体情况。

3.2.1 牦牛品种改良现状

牦牛是一个自然选择大于人工选择的原始畜种，通过有计划地开展牦牛杂交改良，充分利用杂交优势，可以大幅度提高肉乳生产性能，提高产品商品率。另外，牦牛品种改良还可以为育成牦牛新品种创造条件。

在初期，为了提高牦牛的产奶性能，牧民长期利用本地黄牛杂交改良牦牛，生产的犏母牛用于挤奶，犏公牛卖到农区用于耕地。20 世纪 50 年代，四川曾引进荷斯坦良种公牛在阿坝州红原县改良牦牛，杂交一代的奶肉产量大幅增加。但外地良种公牛极不适应高原地区的生态条件，易患高原病而很快死亡。20 世纪 70 年代中期，随着我国牛冷冻精液的试验成功，州县农牧部门开始试用荷斯坦奶牛冻精改良牦牛，解决了直接引进良种公牛在高原不适应的难题，加快了牦牛的杂交改良速度。从 1978 年开始在红原县大面积推广荷斯坦奶牛冻精配种，2000 年后在若尔盖、阿坝等县推广，累计改良牦牛 7 万多头，生产杂交牛 1.8 万头。但荷斯坦奶牛体格较大，繁殖过程中存在母仔双亡的问题。为解决这一问题，从 2002 年开始应用体格较小的娟姗奶牛改良牦牛，在繁殖中无母仔双亡现象，繁殖的娟姗奶牛性情温顺，产奶性能不受自然环境影响，深受当地牧民欢迎。

目前，以荷斯坦牛、西门塔尔牛、短角牛、海福特牛和夏洛莱牛对四川牦牛品种进行改良，其后代均表现出良好的杂种优势，提高牦牛体型和增加乳肉产量的潜力是很大的。从产奶性能来看，以荷斯坦牛的杂交优势最明显，从产肉性能看，以西门塔尔牛和海福特牛的杂交优势明显。但是，在牦牛品种改良过程中还是存在一些问题，突出表现为以下几点：一是牦牛改良经费不足，一方面，政府对牦牛品种改良重视不够，另一方面，牧民认为应由政府出钱改良而不愿自己出钱配合工作，使得牦牛品种改良经费不足。二是牦牛改良的繁殖成活率较低。与正常的公牦牛自然交配生产的繁殖率相比，由冷冻精液改良的牦牛繁殖率明显偏低，存活率为 30% 左右。三是牦牛配种技术较低，导致冻精配种的受胎率低。四是由于牧民长期的粗犷式放养习惯，对改良种牦牛的管理不到位，使其存活率降低。

3.2.2　牦牛养殖模式及技术

1. 牦牛养殖模式现状

合理的牦牛养殖模式不仅有助于牦牛产业的发展，也能提高牧民的收入，丰富牧区的生态系统。但是，目前四川牦牛养殖发展仍面临很多问题，突出表现在以下几个方面：

第一，传统的牦牛养殖模式主要是放养型，这种放养模式虽然可以保证牦牛品质纯天然，但是受自然条件影响比较大，属于靠天吃饭，会导致出现“一年两头瘦，中间两季急抓膘”的低产出方式。而且饲养管理粗放，在阿坝州一些牧区，牦牛养殖至今仍沿袭“逐水草而居”的游牧生产方式，“夏饱、秋肥、冬瘦、春死亡”的现象没有得到根本上的改变，这种恶性循环导致综合生产能力滞后，严重制约了牦牛产业的持续稳定发展。

第二，牦牛群结构失衡。受传统观念的影响，牦牛选种不科学。长期以来，对种公牛不进行科学的选择和培育，随意在亲代中留种，致使畜群平均生产水平下降，留种用公牛只考虑其母亲产奶量的高低，不注意种牛本身表现及体质发育状况。而母牦牛一般必留，不予任何选择。牦牛良种畜和能繁母畜比例偏低，品种结构较差，近亲繁殖、品种退化、出栏周期长、肉质老，影响了牦牛产业的发展。

第三，纯化复壮技术。纯化复壮指对已衰退的种群体进行纯种分离和选择性培养，使其中未衰退的个体获得大量繁殖，重新成为纯种群体的措施。在靠天养殖的放养模式中，草场的生态压力巨大，超载、退化问题严重，而牧民对此认识又不足，使得牦牛养殖的生产效率低下。利用纯化复壮技术，能够合理发挥草场生态作用，进而提高牦牛养殖的生产效率，这是推动牦牛产业链发展的一项重要举措。

第四，商品观念淡薄，牦牛产业化程度低，产品推广滞后。由于受到传统习惯的影响，牦牛产业大都以封闭的自给自足的个体经济为主。许多牧民饲养牦牛的首要目的是满足家庭日常生产生活需要，并互相用牦牛来交换自身所需生活用品。在边远的牧区还认为牲畜越多越富有，畜产品大部分自食自用，向社会出售的很少，且都是未经加工的初级产品。虽然这些年牧民的观念已经有所改变，各种牦牛加工业开始兴起，但总体来说，还是缺乏牦牛精深加工企业。以阿坝州为例，全州牦牛主要以活畜方式销售到成都、绵阳等大中城市，就地加工率不足10%；另外，全州牦牛加工以屠宰、粗加工为主，普遍存在企业规模小、科技含量低、产品精深加工能力缺乏、副产物加工利用率基本为零的现象，导致优势资源白白浪费。

总而言之，牦牛养殖模式还有很多不足之处，要在借鉴其他地区先进的养殖经验的基础上，选择适合自身的养殖道路和产业化模式。

2. 牦牛养殖技术

第一，牦牛育肥技术。牦牛育肥的主要目的是增加牛肉产量，改善牛肉品质，进而提高经济效益。育肥牦牛的选择技术也是很有讲究的。首先，品种的不同会使育肥效果存在差异，在相同的饲养管理条件下，由于体内激素的作用，公牛育肥效果更好。其次，冬春季节由于饲料的短缺，牦牛膘情差、价格低，暖棚育肥效果更好。夏秋季节，放牧牦牛饲草料丰富，育肥空间较小。

第二，牦牛补饲技术。上文我们提到，要将传统的牦牛放养模式向舍饲与放牧结合的模式转变，这就牵涉牦牛的补饲技术。补饲技术也是有讲究的，它是提高牦牛繁育效率和经济效益的有效途径之一。牦牛产区每年都会面临长达 7 ~ 8 个月的枯草期，牧草供应季节的不平衡极大地威胁着牦牛养殖业。因此，政府及相关行业协会应积极组织牧民贮藏草料，在枯草期对牦牛进行合理补饲。此外，可以积极推广人工种草，在夏秋季扩大人工种草面积，既能为牦牛提供草料，又能改善生态环境，还可以将牧区的老牛、幼牛收集起来运往农区，利用农区丰富的精饲料和副产品集中补饲育肥。总体而言，补饲技术是为了应对放养的弊端，所以，要根据实际情况合理选择。

3.2.3　牦牛养殖行业销售及利润

牦牛养殖，一直是四川牧区一项重要的经济收入，在四川，牦牛养殖大致分布在甘孜州（211.04 万头）、阿坝州（191.95 万头），凉山州部分地区有少量分布（7.83 万头）①，另外，在其他地区也零星分布一些牦牛

① 官久强，安添午，李庭，李双年，蒋忠荣，刘成烈，蒋世海，王之盛，罗晓林．四川省牦牛标准化养殖调研报告[J]．草业与畜牧，2012(12)：48－51.

养殖户，但是规模比较小。近年来，牦牛的养殖虽然有所增加，但是同实际所预想的相去甚远。

牦牛销售方面，以新希望集团为例，在政府的扶持下，2010 年，新希望集团与阿坝州签署了战略合作协议，拟通过 5 ~ 10 年在阿坝投资 35 亿元，用于牦牛肉产品的开发与品牌打造，以及草原保护、牦牛品种改良等方面。而今，新希望集团在四川省阿坝藏族羌族自治州组建了阿坝州新希望牦牛产业有限公司，旗下设有红原新希望牦牛产业有限公司、九寨沟高原食品有限公司、成都康源尚品商贸有限公司等三个子公司，分别负责牦牛肉的源头屠宰、精深加工和终端销售。公司还推出有机牦牛冷鲜肉，在市场上可以卖到 200 元/千克，成为中国最贵的牛肉，并且已经开始供不应求，利润可观。美好牌清真系列牦牛肉火腿肠，已经推向市场，消费者对这款既安全又营养的牦牛肉火腿肠产品非常喜爱，它的出现解决了阿坝州当地藏区牧民在传统放牧时携带食物不便的问题。如今，这款产品已经面向甘肃、宁夏、青海等西北市场和云南地区进行销售。

牦牛产业链方面，以阿坝州为例，阿坝州依托重点项目建设，兼顾长远发展和短期效益，大力优化畜群结构，实现畜牧产值稳步增长。

第一，截至 2018 年，牲畜出栏稳步增长。上半年，阿坝州各类牲畜出栏稳定增长，全年预计出栏牛、羊、猪、禽兔分别为 75382 头、103691 只、92439 头、411190 只；肉类总产量预计达 17085 吨，同比增长 4.2%；奶类产量预计达 27658 吨，同比增长 2%①。

第二，畜种改良工作稳步推进。不断优化畜种结构，逐步提高牲畜良种率；继续推进冷配改良工作，截至目前，全州累计开设牦牛冷配点 21 个，黄牛冷配点 8 个，猪冷配点 1 个。

第三，畜禽养殖实用技术培训扎实开展。截至目前，已在金川、汶川、理县、茂县、九寨沟等县举办畜禽养殖实用技术培训和现场教学、入户培训等，累计培训师资 60 余人次，培训各类实用技术人员 800 余人次。

近年来，顺应绿色食品的潮流，牦牛养殖行业发展迅速，广受消费者

① 资料来源：阿坝州农业畜牧局——阿坝州政府信息公开工作办公室。

的欢迎。因此，应进一步加快牦牛产业链优化升级，获取更大的经济效益，提高牧民收入水平，拉动地区经济增长。

3.3　产业链中游——牦牛屠宰

3.3.1　屠宰技术水平

1. 牦牛的屠宰性能

（1）牦牛的屠宰率

牦牛根据类群、年龄和育肥程度的不同，屠宰率会有所差别。现在四川成年阉牦牛的屠宰率在 52.77% 左右，成年母牦牛的屠宰率在 46.12% 左右①。牦牛的屠宰率与我国黄牛大致一样，但是低于国外肉用牛品种。

（2）牦牛的净肉率

四川省成年阉牦牛的净肉率在 44.32% 左右，我国良种黄牛成年牛的净肉率在 50% 以上，如南阳阉牛经过高强度育肥后，其净肉率可以达到 56.8%。

（3）胴体含骨率

四川省成年阉牦牛胴体含骨率在 17% 左右，成年母牦牛胴体含骨率为 19.12%。

2. 屠宰方法

（1）牦牛屠宰前的要求

屠宰牦牛应在定点屠宰场进行，屠宰过程必须符合食品和兽医卫生要求，而且要保证操作人员的安全，同时确保牛肉的营养和商品价值。屠宰前 24 小时应该停止对牦牛的喂食和放牧，但需要定时对牦牛进行喂水，频率为每 6 小时供应 1 次。屠宰前 8 小时停止喂水。为了避免内脏血管收缩使血液流入肌肉内，导致放血不全而影响牛肉品质，在屠宰前不要追打牦牛使其惊恐，且避免使其剧烈运动。如需要对牛进行宰前测定，只需要进行简单称重和评膘即可。

---

① 钟光辉，字向东，蔡立，等．九龙牦牛产肉性能的研究[J]．中国牦牛，1993(4)：12－19，44.

（2）电晕

电晕通常称作“电麻”，是指运用电晕工具，使电流通过牛体麻痹中枢神经让牛晕倒。不同年龄的牛使用不同的电压，通电时间也有所差别。通常3岁以下的牛采用70～100V的电压，通电时间为8～10秒；3岁以上的牛为100～200V，通电时间为10～12秒。

使用电晕的好处是可以避免牦牛在屠宰过程中对屠宰者造成危险，同时也可以避免牦牛在屠宰过程中因为追捕和捆绑产生惊恐和剧烈运动。电晕后可以直接将牛绑好待宰，增加牛肉品质和屠宰人员的安全系数。

（3）放血

牦牛被电击晕后，要立即放血，放血要彻底、干净；牦牛血一般占体重的7%左右，长途运输、应急或屠宰前不停食等都有可能导致放血不干净，影响肉质和肉的保藏。

（4）剥皮、开膛、劈半

牦牛屠宰后，在剥皮和开膛过程中，一定要保持环境和工具的干净，避免微生物污染。特别是在开膛过程中，要避免刀划破牦牛的内脏器官和消化道，导致胴体污染。

（5）排酸和冷加工处理

牦牛胴体要进行低温下排酸处理，一方面防止微生物的生长，另一方面让肉成熟，提高肉的风味、嫩度等品质。经过充分排酸后，牦牛肉要及时分割和速冻或在低温下保藏销售。

3. 屠宰技术问题

四川牦牛屠宰前管理不妥善，牦牛在屠宰前没有得到完全的休息，加之牦牛运输过程中经过驱赶和生活环境改变受到惊吓，牦牛血液循环加速使体内组织充血，会导致宰后放血不充分进而影响肉质。

屠宰过程卫生控制差，屠宰车间卫生条件差，屠宰人员卫生意识较差，在屠宰过程中牦牛胴体难以避免地和屠宰人员的衣物和肢体进行接触使得牦牛胴体受到一定的污染。甚至某些地方存在牦牛屠宰小作坊，采用“滚地牛”的方式进行屠宰，顾名思义，屠宰全过程直接在地上完成，牛肉直接贴在地面增大了被污染的概率，并且缺少专业的检疫手段进行检验，这种方式在卫生方面存在着极大的隐患。

牦牛肉排酸工艺推广不到位，牦牛屠宰之后由于呼吸作用仍在继续，导致细胞进行无氧呼吸使得胴体产生有害物质，即乳酸。通过一定的工艺可以将乳酸分解排出提高牛肉的品质，同时在排酸过程中能够减少微生物对肉的影响，有利于牦牛肉后续的保存。但是四川地区高原牦牛产地对牦牛宰后胴体排酸认识不到位，较少进行排酸这一工艺，使得牦牛肉质较老，品质变差。

3.3.2　牦牛屠宰企业产量及屠宰价格

屠宰企业的屠宰量依企业的大小，每年的屠宰量高低不一。据未发表的内部调查资料，阿坝州和甘孜州主要四个县（红原、若尔盖、理塘和甘孜）牦牛企业的屠宰量估算如表 3－1 所示。红原牦牛肉食品有限责任公司年屠宰量为 2.5 万头，阿坝州新希望牦牛产业有限公司年屠宰量可以达到 10 万头，产值达到 3 亿元。

表 3－1　川西屠宰加工企业生产数量和产值

州	县	名称	主营	年屠宰量（头）	年产值
阿坝州	红原	红原牦牛肉食品有限责任公司	屠宰、分割肉	2.5 万	—
	若尔盖	阿坝州新希望牦牛产业有限公司	屠宰、分割肉	10 万	3 亿元
甘孜州	理塘	理塘县高城鹏飞牦牛肉食品开发有限责任公司	屠宰、分割肉、肉干	5 万	3000 万元
	甘孜	甘孜县康巴拉绿色食品有限责任公司	屠宰、分割肉	—	2.5 亿元

资料来源：公司调研数据。

每头牦牛屠宰售价与屠宰的数量有关，但是价格变化不大，一般在 3000～3500 元波动。屠宰数量在 10～19 头内，屠宰价格为 3500 元，屠宰 20～29 头时屠宰价格为 3300 元，屠宰 30 头以上时，屠宰价格则为 3000 元，总的来说价格略微偏高，但价格变动不大，波动在 500 元上下。

四川省牦牛数量大概有500万头，主要分布在甘孜州、阿坝州和凉山州，其中甘孜州约为261万头，阿坝州约为232万头，凉山州较少，约为10万头。阿坝州牦牛主要分布在红原、若尔盖和阿坝三个县，三个县总计牦牛数约占到全州的70%，甘孜州牦牛主要分布在石渠县、色达县、白玉县、德格县和理塘县。

3.3.3 屠宰行业发展存在的问题

首先，牧民组织松散，没有形成完善的有组织的牧民合作社，与当地的屠宰加工企业联系也不紧密。在牦牛养殖地区，屠宰加工企业与合作社、牧民没有形成有效的带动发展机制。表现在：牦牛养殖地没有或者缺乏屠宰加工企业，例如，虽然在养殖总数较大和出栏率较高的红原县和若尔盖县有较现代化的屠宰加工企业，但养殖数量较大的阿坝县却没有屠宰加工企业。

其次，屠宰行业技术水平和规模化发展落后。多数牦牛屠宰加工企业没有一定规模的资金积累，加之牦牛产业本身风险高，金融部门无法提供足够的贷款支持。资金短缺导致整个行业技术水平和规模化发展相互掣肘：流动资金和用于改进生产技术资金的缺乏，限制了屠宰先进设备和技术的引入，屠宰行业产品品质较差，反过来进一步限制了企业规模的扩张、单位成本下降和利润增长、企业积累。

3.4 产业链下游——深加工及销售

3.4.1 肉产品加工企业发展现状

牦牛肉与普通黄牛肉的各种成分有很大不同，牦牛肉高蛋白、低脂肪、低热量，氨基酸种类更多。并且牦牛常年生活在高海拔的高原牧场，食用无污染的牧草和中草药，肉质绿色无污染且营养丰富。经过专业检验，发现牦牛肉不论是肉质结构还是营养成分都不同于普通黄牛，牦牛肉的营养成分各项指标含量均高于黄牛肉。

表3-2 牦牛肉和黄牛肉营养成分对比

	重量（克）	蛋白质（克）	脂肪（克）	热量（卡）	氨基酸种类（种）
牦牛肉	100	20	1.6	410	18
黄牛肉	100	12.6	5.3	511	16

资料来源：杨斌，陈峰，魏彦杰，等. 牦牛肉加工与发展现状［J］. 肉类研究，2010（5）：51-53.

由表3-2可知，牦牛肉较黄牛肉蛋白质高出58.7%，脂肪相对低69.8%，热量低19.7%，且多2种氨基酸。牦牛肉蛋白质含量达到21%～22%，脂肪含量只有2%～3%。所以，牦牛肉具有较高的经济价值，加工行业利润前景较好。

但是，四川省牦牛肉加工产业存在以下问题：

第一，行业标准尚未建立，无法体现产品真实价值。目前，我国西部地区共有各种规模的牦牛企业130家左右。虽然牦牛产业开发不完全，但本身资源具有特别的优势，吸引了大量的资金关注这个行业。但未建立起专门、完整的牦牛肉质标准，目前只能参照西方肉牛的分级标准对牦牛肉进行评估，这未考虑到我国的实际情况，不能体现牦牛的真实价值。其中，大多数牦牛企业为小企业，其产品质量和屠宰技术十分落后，尚不能充分开发牦牛资源；此外，小企业缺乏产品等级划分标准，将优质产品混同于一般产品，没有体现应有的价格水平，并扰乱了市场秩序。

第二，牦牛产品缺乏精深加工。目前，牦牛产品的加工工艺层次低、附加值低、产品价值低、缺乏高技术的深加工工艺和技术，还没有形成具有高附加值和高科技含量的产品。例如，甘孜州牦牛屠宰加工企业多采用传统的放血法来屠宰牦牛，缺乏排酸的工艺流程，使牦牛肉质较粗硬、暗淡无光泽，导致最后生产出来的牦牛肉产品肉质口感较差，无法提高产品售价。牦牛胴体分割也不够精细，行业利润流失，牧民收入也在无形中减少。

第三，在市场方面，组织化缺乏导致企业经济利益受损。牦牛加工企业单打独斗，产、供、销脱节，导致牧民卖不出好价格；企业因不了解市场产生产品脱节、定价错误等问题，也因无法正确把握市场错失了很多的机会和产生经济效益的增长点。如果对牦牛肉的功效和营养价值进行更深入的研究并完善牦牛肉产业链，生产更多种类和高附加值的牦牛肉产品，在产业上下游建立起有组织、有计划的生产组织，就可以实现牧民收入的增加和当地经济的发展。

第四，营销意识不足，产品档次梯度不完善。首先，企业品牌意识不足，营销意识较低。当地部分企业缺乏品牌意识和品牌建设知识，建立起来的品牌经过多年都未能打响。其次，企业过度依赖政府的帮助和扶持，单纯依靠政府销售产品和拓展市场，并且认为宣传是多余的手段，自身未建立专门的市场营销机构和培养高素质的营销宣传人才；从已有的广告宣传方式来看，主要是通过车贴广告，较少采用其他形式的宣传，并且目标市场定位在四川省，这样的营销宣传方式不仅形式单一，而且缺乏长远的发展规划。

3.4.2 乳产品加工企业发展现状

由于牦牛生活在高寒地区，该地区营养水平低，普通牦牛个体每日乳产量最多只能达到 1 ~2 千克，在泌乳早期和末期的最高乳产量甚至更少，产量只能达到普通牛的 1/10 甚至更低。

虽然产量低，但牦牛终年放牧，产出的乳是纯天然绿色食品，营养成分高于普通乳且品质优异、口味独特，作为一种新型的奶制品开发是有相当竞争力的。牦牛奶成分及对比见表 3 –3。

表 3 –3 牦牛奶成分及对比

品种	干物质（%）	脂肪（%）	蛋白质（%）	乳糖（%）	灰分（%）
牦牛	17.86	7.0	5.24	5.41	0.86
中国黄牛	12.00	3.45	2.79	4.97	0.79
荷斯坦奶牛	12.75	3.90	3.40	4.75	0.70
西门塔尔牛	12.83	3.94	3.51	4.67	0.70
犏牛	14.95	5.31	3.99	4.88	0.69

资料来源：阎萍，潘和平．牦牛乳业的开发与利用［J］．中国乳业，2004（7）：10 –12.

目前，四川省牦牛每头的泌乳量只有 1/3 用于牦牛乳加工，每头牦牛年产量大约为 200 千克，四川每年产牦牛奶大约 20 万吨。就目前来看，牦牛产区已建立起不少的牦牛乳加工企业，如四川红原和阿坝等地都建立起以牦牛乳为原料的奶粉加工厂，但是产量较小，日产量仅为 10 吨左右，产量严重不足，市场上红原牦牛乳业有限责任公司出品的有机牦牛奶粉已经出现了供不应求的局面。目前，除红原奶粉厂和若尔盖奶粉厂有一定规模外，大多数为小型奶粉加工厂，生产规模较小、品种单一，工艺和设备落后。此外，牦牛奶产区与加工地之间运输和保鲜等方面存在困难，牦牛乳至今利用率仍不高，在大多数牦牛产区，牦牛产品主要通过牧民们手工简单加工而成，或采用原始方法加工，常用于自己消费。牦牛乳品开发迄今仍处于传统落后的家庭作坊式初级加工阶段，加工层次低、利用率低、花样少、新产品少，这也是造成牦牛奶制品粗制品多、半成品多、低质品多的主要原因。

此外，四川牦牛奶加工企业科技创新能力不强。当前国外新型乳制品层出不穷，涌现出一大批专利产品和特色乳制品。相比之下，川西牧区受人才、仪器设备、资金等条件的制约，牧区乳制品加工产业创新能力较弱，没能充分利用我国现有的牦牛资源，牦牛乳制品工业发展落后。而且，我国也缺乏牦牛乳制品行业标准，我国法律中没有牦牛干酪等牦牛乳制品的起码标准，也没有制定出相应的质量检测规范和监督机制，无法保证最低限度的牦牛乳质量和卫生要求。

3.4.3　副产物综合利用发展现状

1. 牦牛皮

牦牛皮皮质疏松，厚薄不均匀，并且有很多虻眼，但是其产量大，是四川西北部皮革工业重要的原材料之一。根据是否对生牛皮进行加工可分为生皮和熟皮，近年来牧区生皮使用量已经大大减少，更多的是使用经过鞣制后的熟皮。熟皮较生皮用途更为广泛，除了用于包装酥油和木箱外，还能缝制成口袋盛放食物、缝制成毡靴或制作鞋底、制成皮绳和皮条用于捆扎和制作鞍具。四川省阿坝州茂县康世皮革厂，以牦牛皮为原料采用现代的制革工艺，生产各种牦牛皮革制品，结合当地民族特色制作出具有一定竞争力的民族皮革用品。

2. 牦牛毛和牦牛绒

牦牛毛和牦牛绒的利用历史悠久，用途日渐变广。20世纪50年代中期，我国毛纺织业以牦牛绒为原料，成功试制牦牛绒纺织品。用牦牛绒制成的纺织品在许多方面有着不输羊毛的优良特性，是一种具有发展潜力的纺织材料。在牦牛绒加工方面，牦牛绒已进入了近代工业利用的新时期，四川省目前拥有泸定和广汉两家牦牛绒分梳厂，有康定和乐山两个毛纺织厂，牦牛绒产品品种有牦牛绒大衣、花呢针织等20多个品牌，多种规格的产品。四川省已颁发了省级的牦牛绒分梳标准，为牦牛纺织工业规范发展提供了助力。

3. 内脏和屠宰下脚料

内脏和屠宰下脚料剩余数量庞大，但利用程度不高，特别是牦牛血等多数副产物被当作肥料遗弃，浪费了不少的资源和潜在的经济价值，如能正确利用下脚料，将能带来相当可观的经济效益。

牦牛骨在当地较少使用，多数牦牛骨被废弃于荒地。目前，牦牛骨多被商家收购，被加工成牦牛骨粉或骨胶等半成品，后期被用作饲料肥料、陶瓷原料或者工业添加剂。由于收购价格偏低、运输距离偏远等，牧民并没有太大的积极性。可考虑在当地建立加工厂制作牦牛骨工艺品，既能减少成本，又能提高牦牛骨利用率，增加当地收入。

3.5 产业链配套行业——冷链物流行业

3.5.1 冷链物流行业发展现状

农产品冷链物流是指肉类、果蔬等生鲜产品采收、屠宰后，在产品加工、贮藏、运输、分销、零售等环节始终处于适宜的低温控制环境下，最大限度地保证产品品质和质量安全、减少损耗、防止污染的特殊供应链系统。加快冷链物流行业发展，有利于提高产品的竞争力，提升农业生产经营效益，促进农牧地区产业升级，有效增加农民收入和保障食品安全。四川省作为全国农产品生产消费大省，加快农产品冷链物流的发展意义重大。

“十二五”期间四川省农产品产量持续增长，2015 年肉类、茶叶、蔬菜产量分别居全国第二位、第四位和第五位。同时，随着城镇化进程的加快，居民消费水平不断提高，生鲜农产品需求持续增长。在生产和消费两端的共同推进下，冷链物流发展不断加快，其中，2015 年，果蔬、肉类、水产品冷链流通率分别达到了 18%、33% 和 30%，比 2010 年分别增长了 15 个、18 个和 14 个百分点，同时流通腐损率明显降低，冷链物流规模在西部位居前列。尽管农业从业人员不断缩减，但是四川省各类农产品产量持续增长，占全国比重一直保持在一个较高水平，2010—2016 年四川冷链运输主要农产品产量及占全国比重情况如表 3-4 所示。

表 3-4　2010—2016 年四川冷链运输主要农产品产量及占全国比重情况

年份	肉类		蔬菜		水果		水产品		奶类		茶叶	
	产量（万吨）	占比（%）	产量（万吨）	占比（%）	产量（万吨）	占比（%）	产量（万吨）	占比（%）	产量（万吨）	占比（%）	产量（万吨）	占比（%）
2016	696.29	8.16	4388.58	5.50	979.32	14.19	145.44	0.51	62.76	1.74	26.77	11.13
2015	706.81	8.19	4240.8	5.40	934.19	13.94	138.69	0.51	67.48	1.80	24.84	11.04
2014	714.74	8.21	4069.31	5.35	884.55	13.69	132.63	0.51	70.81	1.90	23.4	11.17
2013	690.39	8.09	3910.68	5.32	840.07	13.61	126.06	0.50	70.63	2.00	21.95	11.41
2012	670.23	7.99	3764.7	5.31	821.63	13.91	118.91	0.49	71.71	1.92	21.02	11.74
2011	651.17	8.18	3573.65	5.26	776.64	13.86	112.15	0.49	71.2	1.95	18.62	11.47
2010	656.64	8.28	3408.3	5.24	722.93	13.45	105.06	0.49	69.81	1.95	16.93	11.48

资料来源：《四川省“十三五”农产品冷链物流发展规划》（2016 年 12 月）。

随着居民对健康农产品需求量的增加，四川省相继出台了《四川省物流发展中长期规划》和《四川省“十三五”农产品冷链物流发展规划》等，加强了对全省冷链物流发展的规划引导。四川省财政、交通、农业、工商、质检等多部门陆续出台了一系列政策、措施促进冷链物流的发展，农产品冷链物流发展条件和环境得到有效改善，同时现代农产品储藏和保鲜技术得到广泛推广，四川省冷链物流行业得到快速发展。2015 年，四川省农产品批发市场达到 126 个、经营总面积达到 465 万平方米，分别比

2010年增长了40%和78%；冷冻、气调库容量超过120万吨，比2010年增长131%，占全国冷库容量的6.4%，其中，水产冷库15万吨，农产品批发市场冷库36.6万吨；冷链运输车约2750辆①，与2010年相比均有大幅增长，四川省以冷链运输、仓储和配送为主要业务的第三方冷链物流企业发展迅速。2015年，四川省具有冷链物流业务规模以上的物流企业达到2500家，其中有50家注册资本超过1亿元。冷链物流企业快速成长的同时，企业市场竞争力也不断提升。在农产品生产环节，四川省大面积推广先进的产地预冷保鲜加工技术，在运输环节大力推动运输车辆从单一制冷向高温、低温、常温多功能冷藏车发展，在储藏环节，积极采用自动化冷库技术，如贮藏技术自动化，装卸、搬运机械化等，在信息技术方面，不断加快完善冷链物流供应链管理系统以及冷链物流信息公开平台。

3.5.2 冷链物流行业存在的问题

虽然冷链物流行业在“十二五”期间得到迅速发展，但是四川省农产品冷链物流规模化、系统化的冷链物流服务体系尚未形成，有以下几个问题仍需解决：

一是结构性矛盾突出。冷链物流存在严重的地区发展不平衡问题，成都、绵阳等地区发展迅速，但是甘孜、凉山、阿坝等地区发展落后。由于农产品生产基地普遍在偏远地区，而当地的气调库等设施严重短缺，很多农产品无法进行预冷处理，导致运输损耗较大，甚至造成腐损变质，冷链运输车辆严重不足，难以满足全程冷链运输需要，导致当地特有的牦牛肉等需要冷链运输的产品很难“走出去”。2015年，全省冷链运输车辆只占全国的2.5%左右，而需冷链运输农产品产量却占到全国的5%以上，运输设备存在较大的缺口。

二是“断链”现象较为普遍。除了部分肉类、海鲜产品外，大部分生鲜仍在常温下流通，对产后预冷环节与包装重视不够，冷藏货物进出冷库过程大部分处于“断链”状态，严重影响了农产品的保鲜及品质。

---

① 资料来源：《四川省“十三五”农产品冷链物流发展规划》（2016年12月）。

三是冷链物流行业水平低、企业实力较弱。目前，四川省物流企业以自营为主，第三方冷链物流企业较少，而且冷链物流企业几乎都是中小企业，分布零散，企业之间的合作较少，网络化程度低，各环节信息资源有效衔接不足，冷链物流运输返空率高，导致物流成本偏高，规模化、集群化、信息化、智能化、标准化发展严重不足，运输效率普遍较低。

四是发展条件及环境有待改善。牦牛产品生产主要集中于偏远地区，而该地区交通方式单一，一旦交通线路出现故障，很难及时抢修。另外，牦牛产品冷链运输仍存在“入城难”“最后一公里难”等问题，冷链物流行业发展条件及环境有待进一步改善。

3.6 牦牛产业发展建议

通过对四川牦牛产业链的发展现状进行考察发现：总体上产业链各环节均面临技术升级需求。同时，产业整体发展的基础设施建设需要匹配升级。这意味着，作为川西落后民族地区支柱产业，四川牦牛产业发展所需的资金需求较大。此外，处于产业链不同环节的生产经营主体发展水平不均衡，既有龙头企业，也有弱势的小企业和农户。提升产业链整体技术水平，让所有生产经营主体都获得需要的金融支持，可以将供应链拓展为整个产业链，形成闭环，解决金融借贷中信息不对称的问题。

参考文献

[1]衣晓岩．国内饲料行业发展现状分析[J]．山东畜牧兽医，2017(8)：61－62.

[2]陈冰冰．饲料产业网络营销的发展方向[J]．中国饲料，2018(2)：86－89.

[3]陈远才,王俊青,冯定远,等．生物饲料在畜禽养殖中的应用[J]．广东饲料,2017(1):36－39.

[4]唐梅香．浅析牦牛养殖发展现状及对策 [J]．中国畜禽种业,2015(2):57.

[5]尕吉．牦牛生态养殖与产业发展[J]．中国畜牧兽医文摘,2015,31(12):36.

[6]吐尔逊·司马义,阿迪力·阿卜拉,纪军,等．巴州白牦牛种群扩繁与改良效果研究[J]．农业与技术,2017(18):75－76.

[7]张容昶，胡江．牦牛生产技术[M]．北京:金盾出版社,2002.

[8]蔡立．中国牦牛[M]．北京:中国农业出版社,1992.

[9]陈刚，李希来．高原牦牛生产及产品加工[M]．西宁:青海人民出版社,2010.

[10]杨斌，陈峰，魏彦杰,等．牦牛肉加工与发展现状[J]．肉类研究,2010(6):51－53.

[11]吴群．物流与供应链管理[M]．北京:北京大学出版社,2015.

[12]王勤．冷链物流蕴藏巨大利润空间[J]．市场周刊(新物流),2007(6):20－21.

[13]黄成洲，谢如鹤．我国食品冷链物流的发展与对策[J]．商品储运与养护,2007(4):32－34.

[14]何静．我国食品冷链物流发展现状及对策研究[J]．商场现代化,2006(5):111－116.

[15]肖静，张东杰，刘子玉，等．我国食品冷链物流管理体系构建研究[J].农机化研究,2008(7):13－17.

第4章　基于价值链的四川牦牛产业升级及其金融需求

4.1　产业升级的“结构思路”与“价值链思路”

4.1.1　产业升级的“结构思路”

产业升级的核心内容是通过生产要素改进、结构改变、生产效率与产品质量提高、产业链升级提升产品附加值。在供给侧结构性改革的背景下，不断优化调整农业的产品结构、生产结构和区域结构，合理开发更多农业资源，为消费者提供品种多样的优质产品是现代农业产业升级的主要内容。因此，产业升级的“结构思路”应该从以下几个方面着手。

（1）推动农业产业化进程，建立产业结构调整协调机制

现代农业经济生产效率的提升以及农业产业升级的进程很大程度上取决于农业产业化的程度。积极引导建立集农产品原料供应、加工、市场销售为一体的产业生产模式，将农村社会经济结构调整作为战略性方针，并加以政策辅助、资金支持以及引进先进的生产管理经验，以夯实牦牛生产地区农村社会经济基础，满足现代农业产业经济发展的需要。

同时，协调农业产业内部、农业产业与其他产业发展之间的产业结构，增强农业产业结构与其他产业之间的关联性，实现产业间相互促进以及互补。产业结构调整需要以资源的多层次综合利用为基础，以优势资源为中心，在产业化生产的基础上，根据市场需求，促使农业产业朝优质多

样化资源节约型方向前进。并抓住有利时机，通过大幅度产业结构调整，带动农业产业专业化生产。

（2）提升人力资源素质，拓宽产业升级空间

产业升级的基础之一是提升人力资源素质。除了建立培训班、科技下乡等相对传统的提升方法外，通过“9+3”计划，积极推动职业教育在人才培养中的作用。同时，有针对性地建立与同产业内专业人员交流合作的机制，借鉴不同地区、不同市场同一产业发展经验，建立覆盖农村全体劳动者的技能培训制度，将农村劳动者纳入技能培训财政补贴范围，按规定享受职业培训和职业技能鉴定补贴。使人才成为产业升级的基础的同时，优化劳动力就业结构，实现农业科技对现代农业产业经济发展的贡献，逐步带动农业产业由粗放型向集约型转变，提升农业产业生产率以及市场竞争力。

提高农村人口人均资源占有量和就业质量，加快农村人口聚集与产业聚集、产业间劳动力的转移，同时，在市场调控的基础上，通过一定的宏观调控，带动优势资源进入产业升级进程，为现代农业产业化发展创造有利条件。

（3）加强农村基础设施建设，提高产业升级保障服务体系水平

农业产业升级很大程度上依赖政府的支持①，尤其是在基础设施建设方面。加强农村基础设施和社会事业建设是国家重视“三农”、支持“三农”的必然结果，也是地区经济长远发展的根本要求，同时能够加快现代农业发展步伐，加速实施乡村振兴战略，推动农业产业转型升级。坚持农村产业收益全部反哺农村，积极整合资金加大对农村基础设施投入，发展美丽产业形成的良好经济效益，为农村基础设施完善提供了资金支持。

产业升级必将带来金融、科技服务的需求升级。以现代农业产业为中心，创新服务体系。通过完善农业科技信息资源平台、构建检测分析认证服务信息资源平台和建设一批农业科技服务骨干队伍等方式，提高农业科技对现代农业产业升级的服务水平。同时，创新开发金融产品和服务，集

① 蒋林倩．新常态下河北省农业产业结构升级研究[J]．经济师，2018（4）：131－132，140.

聚优质金融资源加速产业升级发展，助力持续提升金融服务能力。集聚金融服务实体机构和集聚金融服务功能，多管齐下积极发展产业升级投资基金，协调产业升级的发展步骤。

4.1.2　产业升级的“价值链思路”

企业的价值创造通过基本活动和辅助活动等一系列活动构成一个创造价值的动态过程，并相互支持完成。格里芬（Gereffi）在 1994 年提出全球商品链，强调价值链（Global Value Chains）的全球分散生产与产业集群的特点[①]，并将价值链分为全球和国内两种。价值链主要注重生产活动的价值增值过程与生产活动的分割组合过程。因此，“价值链思路”产业升级侧重于微观层面，强调企业向价值链高端环节攀升，以此作为产业升级的终极目标[②]。

（1）以技术积累和创新为基础，拓展产业升级内部空间

产业升级内部空间的拓展主要涵盖了产业基础、产业背景、产业发展空间等部分。产业升级内部空间的拓展是资本、技术与市场综合作用的结果。其中，技术因素是产业升级内部空间的主要力量。通过逐步构建完整产业链以及增强制造环节实力等步骤，实现产品附加值的逐步提升以及附加值向多个环节的转移，从而实现产业内部的升级。对于牦牛产业升级而言，作为农业产品，技术积累主要集中在牦牛养殖以及牦牛产品精品化发展方面。

同时，产业内部空间必须建立在夯实的产业基础上。在纵向上，以生产经营组织的规模化和产业化为方向，从产业链上下游等各环节，以农业合作社等模式，加强内部生产各部门间的合作和长期的产业发展联盟。在横向上，积极加强与相关产业的合作，建立核心竞争力，形成同一价值活动为主要功能的结构形式，拓宽产业升级空间。

---

① 刘广生．基于价值链的区域产业结构升级研究[D]．北京：北京交通大学，2011.

② 丁晓强，葛秋颖．产业升级内涵及研究思路的文献综述[J]．长春理工大学学报（社会科学版），2015(6)：66－70.

（2）加强国内区域经济合作，积极融入国内价值链升级

实现融入国内价值链升级的方式主要有内生拓展型和嵌入式。两种方式的共同特点是必须依靠自身学习实现创新，从而实现产业链的延伸与升级。所不同的是，嵌入式需要借助外地市场、人才和资金等因素，推动自我发展。内生拓展型和嵌入式发展模式比较如表 4－1 所示。

表 4－1　内生拓展型和嵌入式发展模式比较

	内生拓展型		嵌入式	
	独立模式	合作模式	内生嵌入式	外生嵌入式
所需时间	较长	长	较短	短
对资金、技术的要求	很高	较高	较高	高
自主能力	很强	较强	一般	较弱
对自主创新能力的要求	很高	较高	高	一般
产业链的完整性	完整	完整	易于片断化	易于片断化
形成持续产业竞争力的可能	大	大	较小	较小

资料来源：吴彦艳，丁志卿．基于产业价值链视角的产业升级研究［J］．科技管理研究，2009（6）：376－378.

通过两种发展模式的比较，以及结合四川牦牛产业发展属于资源主导型的实际情况，选择嵌入式作为四川牦牛产业升级发展的主要模式。

国内区域经济合作的内容主要体现在：生产、加工、运输以及市场等产业链上的关键环节，让四川牦牛产业可以积极吸收新的技术和管理经验，占据较高的起点，实现跨越式发展。具体嵌入的方式可以是外生性的嵌入模式和内生式的嵌入模式①。外生性的嵌入模式通过引进技术、资金和先进人才等方式弥补本地产业缺失的内容，对产业链关键环节进行相关配套发展，实现产业升级。内生式的嵌入模式聚焦本地产业的比较优势，通过与外地优势核心产业进行合作，完成本地产业链的关键环节的融合发展，从而实现扩充和发展本地产业的核心环节的目标，降低投资风险。并通过一定的技术创新和发展，逐步向产业链高端过渡，提高产品附加值，延伸产业链，从而从产业内部实现产业升级。

① 吴彦艳，丁志卿．基于产业价值链视角的产业升级研究[J]．科技管理研究，2009(6):376－378.

（3）通过产业链聚集效应提升产业品牌

在专业分工细化的背景下，产业内部各个生产部门数量不断增加，在带来企业生产专业化程度提升等诸多优点的同时，也在一定程度上提升了制造加工等环节的成本。因此，需要对产业链进行整合，通过产业集群效应，促使产业整体竞争能力的提升以及产业品牌的升级。首先，在产业链纵向产生聚集效应。从产业链发端开始，包括研发机构、原材料提供商等经济部门，逐步向下延伸到制造、加工等中游生产部门，最后延伸到产业链的最后一个环节，即最终消费者。将在不同时间和空间范围内创造的价值最终集中在某个单一的时空范围内，产生品牌效应。其次，在产业链横向产生集群效应。产业在空间和时间的分布均不是单一的，在某一时空范围内，属于同一产业链的部分生产部门同时存在，并能够相互支援和补充。合作便会削弱竞争效应，并通过竞争效应的存在，不断提升包括企业自身在内的整个产业链的市场竞争能力。同时，产业链不断向相关产业进行拓展，由此带动与之相配套的附属企业发展。在核心企业的引领下，配套产业逐步发展壮大，并产生新的核心企业，通过促进与其他核心企业的合作与竞争，形成新的聚集和区域性产业群体，并创造出新的品牌。

4.2　“价值链思路”下四川牦牛产业升级内涵

上一节对产业升级的“结构思路”与“价值链思路”的分析表明，价值链的产业升级的核心内容是如何通过产业链上各个经济生产部门的分工与合作提升产品的附加值。结构升级可以看作是实现价值升级的手段。因此，本书主要从“价值链”思路探讨四川牦牛产业升级问题。

产业链升级的“价值链”思路的主要内容围绕通过产业整合提升产业生产效率与降低生产成本以及通过技术创新提升产业创造力、创造品牌效应等方面。具体表现为：在市场分工日益细化下，产业链呈现出多数量、多类型、多层级的复杂网络结构。通过产业链的不断延伸和扩展，价值创造、价值转移的过程将逐渐实现精细化和高附加值①。

产业升级的过程是要素禀赋动态变化和选择的过程。四川牦牛产业链缺乏与之相适应的价值链、企业链、空间链和供需链。究其原因则与当地农业经济质量不高、农产品市场化程度低以及农业劳动力素质不高等关系密切。其中，根本因素是四川牦牛生产地区农村社会经济发展程度还不能完全地适应现代牦牛产业经济发展的需要。因此，四川牦牛产业升级的首要步骤是逐步瓦解不利于现代牦牛产业发展的传统经济因素，并有目的地从产业结构调整、市场拓展和品牌塑造等方面培育现代牦牛产业发展。

四川牦牛产业升级的首要步骤在于能够整合现有生产要素，并对其进行提炼和升级，同时能够积极吸收外来资本、技术和管理，作为生产因素加入牦牛产业的环节，作为四川牦牛产业结构升级和优化的有力手段。同时，利用产业价值链延伸效应、整合效应、竞争效应以及集群效应，实现各种生产要素和禀赋的科学合理利用，提升牦牛产品与服务的附加值，最终实现整个产业价值链的提升。四川耗牛产业价值链升级机制如图 4 –1 所示。

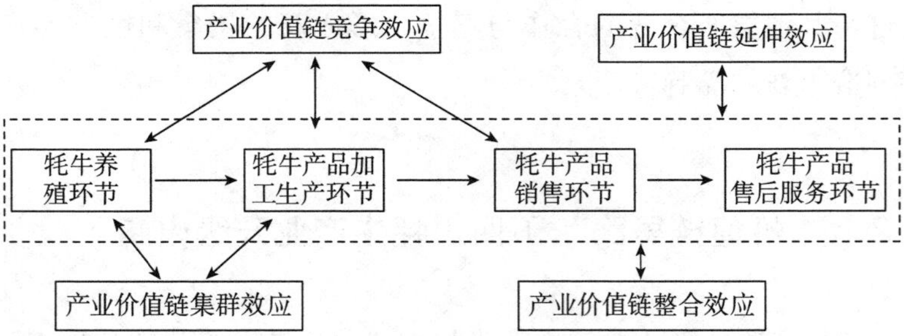

图 4 –1　四川牦牛产业价值链升级机制

以四川牦牛产业为整体，通过产业价值链整合形成产业集团。以牦牛产业主要的产业链环节为依据，在牦牛养殖环节和产品加工生产环节形成产业价值链集群效应，放大规模效应，并实现对产业链优势资源的整合，形成产业价值链整合效益，从根本上对细化环节附加值进行综合性的整

① 王柏玲，李慧．关于区域产业升级内涵及发展路径的思考[J]．辽宁大学学报(哲学社会科学版)，2015，43(3)：73 –80.

合。同时，突出核心企业对附加值提升的辐射作用，细化生产环节，提高产品附加值。并且在养殖环节、加工环节和销售环节形成竞争效应，优胜劣汰，保证优势企业既能实现对产业链发展的引领作用，又能对整个产业链进行新陈代谢，鼓励代表新生产力、满足新市场需求和创新能力强的新生企业逐步发展与壮大，从而实现四川牦牛产业在附加值提升路径上的创造力。除此之外，产业链的整合不仅限于牦牛产业的内部，更需要结合已有相关产业，进行产业链的延伸，如牦牛养殖产业与饲料加工、兽医兽药产业以及牦牛品种培育产业相结合，从多角度、多层次和多类型上促进牦牛养殖产业在更为广阔的产业链结构网络中的地位与附加值的提升。更为重要的方面在于产品销售和售后不仅局限于牦牛产品本身的品质和价值，还需要同整个产业的服务相结合，让服务提升产品性价比，实现“产品＋服务”的模式。

同时，从垂直方向逐步深入四川牦牛产业链各个环节，细化产品地位，提升产品服务质量，打造牦牛产业垂直品牌，从垂直方向提升四川牦牛产品附加值。并且通过横向规模效应，以合作和竞争为机制，提高产业生产效率的同时，也要提升企业价值创造力，从而裂变出产业价值链某一阶段性或整体性品牌效应。综上所述，四川牦牛产业价值链产业升级的内涵是通过牦牛产业链各个环节以及相关产业的共同合作与竞争，通过创新和资源整合等有力措施，形成和提升四川牦牛产业核心竞争力，同时打造出品牌效应，从而提升牦牛相关产品附加值。

4.3　四川牦牛产业链升级的具体路径

4.3.1　产业素质与效率的提高

产业素质是指产业系统的质量，是决定产业系统整体功能的主要依据[①]。产业素质与产业的劳动生产率呈正比关系，产业素质越高，产业

① 管怀鎏．论产业素质[J]．江淮论坛，1997(2):48－53.

的劳动生产率越高，反之将严重地束缚经济的有序发展。产业素质主要包括产业组织合理化水平和产业技术水平两个方面。其中，产业组织合理化水平主要包含了产业组织形式能否保证资源优化配置、产业组织形式能否保证资源有效利用、产业组织形式能否保证资源不被浪费三个方面，产业技术水平则涵盖了技术设备状况和劳动者素质两个方面，如图4－2所示。

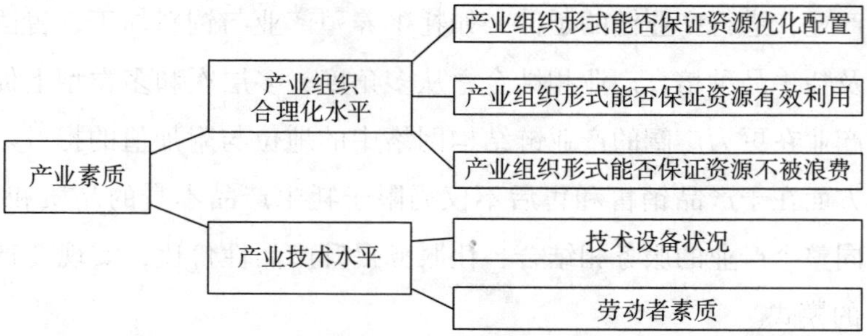

图4－2　产业素质网络结构

产业素质升级是指在经济发展中逐步形成的经济区域的空间单元①。因此，根据图4－2的描述，对于四川牦牛产业素质升级步骤提出以下发展建议。

（1）创新牦牛产业组织形式，发展集约型生产模式

产业组织的变化主要体现在企业组织、产业活动的空间组织以及行业体系建设三个维度②。首先，在企业组织方面。合作经济带动型、专业市场带动型、主导性产业带动型、龙头企业带动型、示范推广型和商品基地带动型是目前我国主要的农业产业化组织形式。以“公司＋农户生产”为基本模式的龙头企业带动型是当前农业产业化发展的主要方式。企业和农户双方通过契约签订的方式规定双方交易关系。农户在此关系中主要承担原材料供给、初级加工和一定的初级服务等职能，企业则主要承担对原材料深层次加工、运输以及销售网络的建立等一系列协调农户与市场关系的

① 黄燕，商春荣．区域产业素质升级：基本涵义与测度指标[J]．经济师，2001(12)：19－20.

② 杨锐，刘志彪．新产业革命下产业组织变化的效率改进与实现机制[J]．天津社会科学，2016(6)：93－100.

活动与职责。但是，由于公司与农户之间的地位不平等、农产品市场变化等不确定因素，从而出现公司与农户之间的博弈，在一定程度上降低了此模式在运作上的效率。通过合作社等农户组织建立农村专业合作组织，如四川牦牛产业可以尝试实行“公司＋农户＋基地”或者“公司＋农户＋农户”经济合作组织等形式，如图4－3所示。

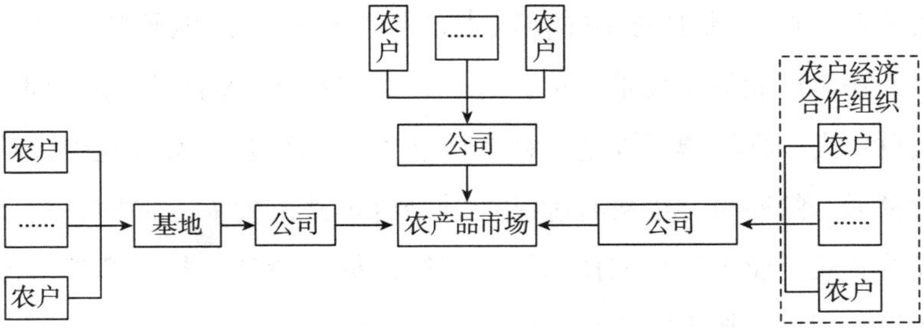

图4－3　四川牦牛产业组织形式创新示意图

其次，在产业活动的空间组织方面。适时引导农业科学合理规划，在现有土地制度上，明确农业产业空间分布，实现大分散、小集中生产空间布局。同时，开发不同层次、不同类型、不同市场的牦牛产业产品，满足市场多样化需求，同时，打造牦牛产品空间立体化发展。

最后，在行业体系建设方面。在现有牦牛产业发展的基础上，积极借鉴其他地区相关产业发展经验，建立统一的行业标准体系，促进牦牛原材料加工、产品生产以及销售服务等整个牦牛产业链标准化发展。利用现代农业产业技术体系平台，构建四川牦牛现代产业技术体系，以牦牛产品为单元，产业为主线，建设从产地到餐桌、从生产到消费、从研发到市场各个环节紧密衔接、环环相扣、服务国家目标的牦牛产业技术体系，提升牦牛产业科技创新能力，从而增强四川牦牛产业竞争力。

（2）提升产业技术水平，大力推进农业高新技术运用

产业技术水平是一个产业科技和经济发展水平的集中体现，自主创新能力是产业技术水平提升的关键。首先，在农业技术设备方面。鼓励采用先进农业设备，在牦牛养殖环境相对可控的条件下，采用工程技术手段，推动设施养殖，建设绿色牦牛养殖产业发展基地。提升牦牛加工技艺，在牦牛产品加工的传统基础上，进行深层次的加工和制造，丰富

牦牛产品种类，提高牦牛产品附加值。同时，引入牦牛皮革、乳制品和工艺品等相关产业，拓宽牦牛产业内容。此外，借助国家扶持政策和惠农政策，利用设施农业的财政、税收上的优惠政策，对牦牛养殖户提供贷款贴息和补贴。

其次，开展农业技术培训，提高牦牛产业劳动人员素质。牦牛产业对劳动人员在生产活动中的多样化需求，要求有针对性地开展多种模式培训。对于牦牛产业科学技术人员，可以开展"科研＋高校"型培训。通过科研项目、高校学科建设同地方社会经济发展相结合，实现牦牛产业农业科技含量提升的同时，也将有利于产学结合模式的发展。同时，对于普通劳动人员开展职业再教育和技术提升训练，提升劳动人员生产技术的流畅度，从而达到提升牦牛产业生产效率的目的。

4.3.2 生产要素的优化组合

生产要素包含劳动力、资本、土地和企业家才能四大要素。劳动力是指生产中劳动者为生产活动提供服务的能力；资本是指生产中所使用的厂房、机器、设备和原材料等；土地是指生产中所使用的各种自然资源，包括土地、水源和自然资源等；企业家才能是指企业家对整个生产过程进行组合与管理工作的才能[①]。生产要素优化配置的组合模型为：经济发展＝劳动力×劳动力要素贡献率＋资本×资本要素贡献率＋土地×土地要素贡献率＋管理×管理要素贡献率＋技术×技术进步贡献率。通过该模型，可以表明生产要素的组合是要满足经济发展的需要，同时在一定的条件下各要素间是可以相互替换的。但是要实现生产要素的优化配置，以既定的成本生产最大产量或者以最小的成本生产既定产量的生产要素投入的组合，需要满足等产量曲线的切线斜率与等成本线的斜率相等，即成本既定时产量最大的要素组合以及产量既定时成本最小的要素组合。牦牛产业与要素利用之间的关系如图4－4所示。

① 王茂爱．论生产要素的优化配置组合[J]．贵州大学学报(社会科学版)，2003，21(6)：18－22.

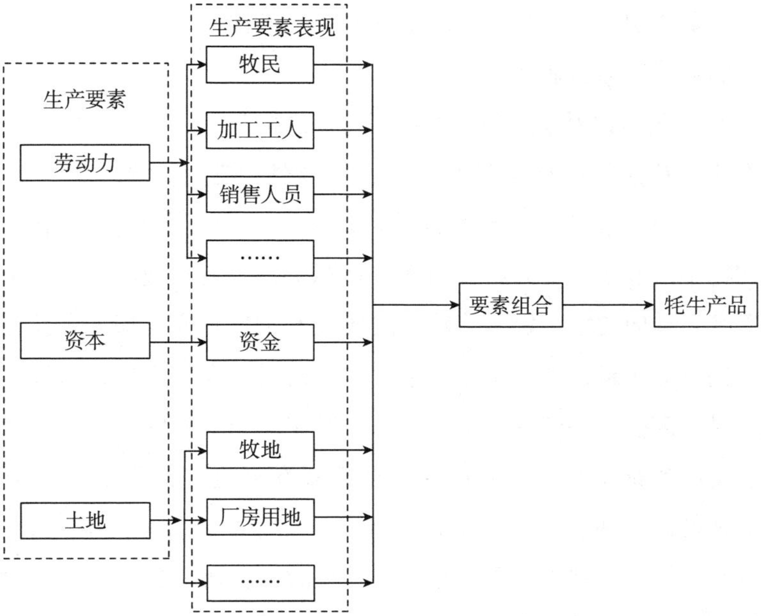

图 4-4　牦牛产业与要素利用之间的关系

（1）优化牦牛产业资源配置机制

在科学有效的配置机制下，可以实现不同生产要素之间的合理组合与高效率利用。同时，生产要素的合理配置和优化应该遵循以下原则：以提高牦牛产业竞争力为目的，注重生产要素资源配置的实用性和经济性；以企业生产需求为根据，以生产要素本身的配置为基础；加强协调性，正确处理生产要素配置中的各种关系。

因此，在动力机制方面，从宏观和微观层面同时调整。在宏观层面上，通过国家调控手段对牦牛产业生产资源的利用方向、改造方式与组合形态进行界定和规范。在微观层面上，利用市场运行机制，实现资源配置格局的自然形成。同时，建立牦牛产业生产资料市场，以市场运行机制和标准进行牦牛产业生产资料分配，并适时将宏观调控和微观调控相结合，使牦牛产业资源生产总量与使用总量平衡，资源的生产结构与需求结构一致，全产业资源配置合理。根据牦牛产业对资源的要求，重点支持牦牛支柱产业和重点企业的生产，引导牦牛生产企业按照市场需要优化生产要素组合，实现产需衔接。推动科学技术和经营管理的进步，促进劳动效率提高，并保证资源在一个牦牛生产企业内部的最优使用，同时培植出农业资源配置的双向动力机制。

（2）注重科研对生产要素的应用价值的提升

农业与其他产业相比具有天生的弱质性，劳动力流失、土地资源侵蚀，加上知识型技术、资本等其他因素的投入不足，生产环节增加值不高。在牦牛产业生产要素组合的整体目标上，是要实现从土地、劳动力等基础要素主导向技术、资本等较高层次要素主导转变。探索科技对牦牛产业资源创新的贡献，如牦牛品种培育等。同时，在生产要素为社会经济发展服务时，需投入一定的科研力量分析研究生产要素的优化组合以及对社会经济发展的推动力，实时调整生产要素在社会经济发展中的分配与优化。实现科研、加工生产、销售一体化，促使生产要素优化组合。同时，也要科研人员参与到生产要素分配中，在激发科研人员更大程度参与生产要素科研的同时，带动生产要素合理分配体系的建立。

（3）根据企业生产和市场需求，适时调整生产要素组合方式

企业生产和市场需求均是动态变化的，意味着生产要素之间的组合必须跟随企业生产和市场需求的变动而调整，要求生产要素能够按照宏观和微观的需求在不同生产部门间流动，从而实时调整生产要素组合方式，使牦牛产业生产趋于有序化，提升牦牛企业生产效率。生产要素流动的方式主要有对流、传导和辐射 3 种。生产要素流动的规律表现为企业对生产要素高回报率的追求。因此，同一产业内部不同生产部门在生产效率、生产投入以及产出总体水平上的差异，是促进生产要素流动的深层次原因，也是市场对生产要素调整的表现。四川牦牛产业在面对生产要素在不同生产部门之间流动时，需要在各种生产要素间做出适应自身生产需要的投入，使生产要素始终能够保持合理的配置状态，同时提升生产要素的利用率，优化生产要素合理组合机制。

4.3.3　工艺流程升级、产品升级、功能升级、价值链升级模式

1. 工艺流程升级

工艺流程升级、产品升级、功能升级均属于产业升级的内容。其中，工艺流程升级是指引入新工艺、新技术、新流程，促进生产效率提高。工艺流程升级可以在牦牛产业任何环节进行。根据定义，工艺流程升级可以包含两个基本层面：一是属于基础性质的工艺设备或制造设备的升级；二是生产流程的升级，表现在新技术的应用、新管理体系的构建以及新生产体系的建立等方面。最终目的均是提升四川牦牛产业生产效率。四川牦牛产业链工艺流程升级示意图如图 4 -5 所示。

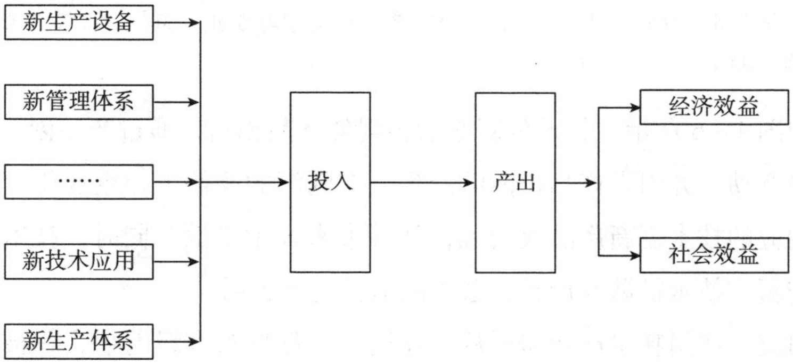

图 4 -5　四川牦牛产业链工艺流程升级示意图

对四川牦牛产业链工艺流程升级进行归纳与总结，可以看出：相关牦牛产业资源的投入，经过企业生产加工所带来的影响表现在两个方面：一是企业所追求的经济效益，既包括产品销售利润所得，也包括生产制造、人工以及运输等成本下降所带来的效益。二是社会效益，主要体现为对生产资源以及生产部门等其他生产要素的整合能力。二者为产业升级、结构优化和产业价值链提升奠定了良好基础。

2. 产品升级

产品升级是指改进老产品，推出新产品，使产品复杂化、单位价值提高。在价值链框架下，产品升级被定义为通过提升引进新产品或者改进已

有产品的效率来达到超越竞争对手的目的，既包括改变在价值链单个链节内的新产品的开发过程，也包括改变彼此关联、相互依存的不同价值链链节所集成的新产品的开发过程①。这就意味着产品升级是以企业技术创新为基础的，显示出与技术创新和扩散之间关系密切。产品升级与技术创新扩散之间的关系如图4－6所示。

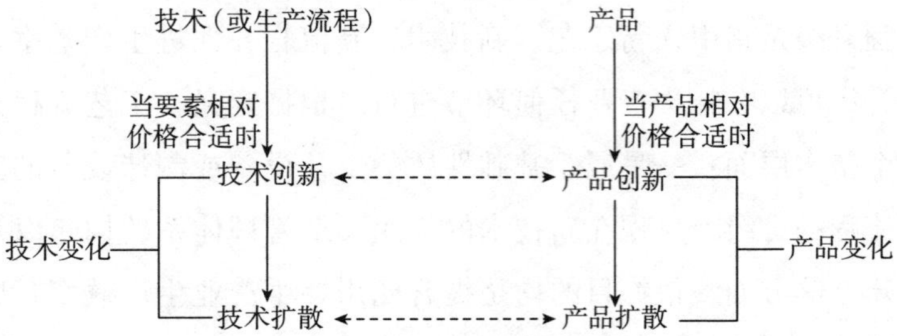

图4－6　产品升级与技术创新扩散之间的关系

资料来源：Donald A H，Derek J M. 产业经济学与组织［M］. 北京：经济科学出版社，2001：76.

如图4－6所示，技术创新必然会促使产品创新，通过产品创新激发市场价格变动，并引发产品扩散的产生，在利润的驱使下，企业纷纷引进或购买相应的技术创新产品或流程，从而带来技术扩散。同时，技术创新与产品创新，技术扩散与产品扩散之间呈正比例关系。

因此，四川牦牛产业需要从产业链技术创新与升级着手，积极让科研力量参与到产业链生产活动中，同时有必要吸收和引进其他地区牦牛产业已有的先进技术，并且根据市场需求，开发牦牛产品线。此外，应在牦牛产业传统文化、特色农业等方面做出相应的创新发展。

3. 功能升级

功能升级是指向上、下游延伸价值链，如从加工环节向设计、营销、品牌等环节延伸，提高产品附加值。目前，四川牦牛生产仍属于劳动密集型产业，处于初级发展阶段，主要表现为牦牛产品定位不高、缺少品牌效应等一系列问题。因此，四川牦牛产业功能升级应该主要集中在以下方面：

① 龚三乐. 全球价值链内企业产品升级、技术进步与进步路径选择[J]. 科技管理研究，2009(8):459－461.

（1）以牦牛产业特色产品为基础，对产业链特色品牌进行定位

产业链品牌定位的目标在于区分市场层面的不同需求，展示四川牦牛产业特色产品。因此，需要从牦牛产业自身实际条件出发，在充分进行市场调研的基础上，依据牦牛品种、质量以及营养等属性，建立牦牛产品体系。同时，通过多样化媒体广告和宣传，让消费者心中形成品牌联想，并将品牌应用延伸到产业链和牦牛产品体系方面，争取更为精细地划分消费市场。利用创立的新牦牛品牌取代原有的老旧牦牛品牌能够更为有力地助力四川牦牛产品在消费市场份额的扩大，提升四川牦牛产品的品牌资产。同时，规范四川牦牛产地的地理标志、集体商标的使用。由于地理标志和集体商标具有公共属性，因此常会出现“公地悲剧”。要求四川牦牛产业链中各个参与生产部门必须遵循产地特色、原料、制造方法、质量和信誉等其他特征标准，合理规范地使用四川牦牛产业地理标志和集体商标。通过市场认可度的提升，实现四川牦牛品牌资产的保值、增值，并能够适时把品牌资产延伸到产业链各个环节，进一步推动整个四川牦牛产业的功能升级。

（2）提高牦牛产业集群化组织程度，建立牦牛产业信誉机制

产品质量是产业链得以生存的根本所在。提升产品质量的重要因素则是高度的产业集群化生产方式。产业集群化不仅需要在产业链上各个不同生产环节的紧密相连，更需要在地理空间上的高度集中，以改变四川牦牛产业高度分散和高度弱小的现状。高度产业化和专业化生产是提升四川牦牛产业产品的基础。同时，需要建立产业集群化组织，协调高度专业化、专门化和规模化生产这一矛盾。政府需要建立合理的牧业风险保障机制，促进牦牛产业集群化发展，重点是通过社会保险等措施提升牦牛养殖各环节的抵抗自然灾害能力。此外，有必要成立四川牦牛产业专项生产基金和市场风险基金，稳定牦牛生产和消费市场，同时推出互助保险模式，实行多级平衡风险，降低牦牛产业链负担。随着产品质量的提升和市场份额的扩大，应建立相应的产业规范，确保已建立的四川牦牛产品信誉能够持续发展。

4. 价值链升级

价值链升级模式可以分为“外延式”和“内涵式”两大类型。“外延式”升级模式主要依赖资源的消耗、产能的扩大来实现企业集群的规模扩大，且“外延式”模式在现阶段的增长是不可持续的；“内涵式”增长模式主要利用新的经济思想、规律，对传统经济进行渗透、改造，实现企业集群集约、集成、集聚发展，且属于可持续增长模式①。围绕着“内涵式”升级模式，四川牦牛产业价值链升级需要从牦牛产业集群生产、贸易成本和包括社会信用资本在内的产业链金融等方面出发。

（1）强化牦牛产业现代公司制度，增强转型升级主动性

牦牛产业的成功离不开产业经济转型的理念解放，建立现代公司制度，形成科学决策、执行机制和监督约束机制，逐步淘汰传统落后的管理体制，实行现代牦牛企业制度化管理。现代牦牛企业制度需要运用于牦牛产业链各个环节，从牦牛原材料提供到牦牛产品生产加工以及牦牛产品物流运输，夯实四川牦牛产业能够适时地吸收先进管理理念和制度的基础。同时，在面对现代市场经济发展时，四川牦牛产业需要从自身优势出发，扬长避短，积极主动地参与市场竞争，尤其是通过“一带一路”建设，拓展国际市场显得十分必要。国际市场的建立不仅需要重视牦牛产品的市场销售，更需要积极引进与四川牦牛产业发展相适应的各种生产技术和管理理念，积极主动地通过多种方式塑造四川牦牛产业的国际品牌形象，实现牦牛产品从低端到高端，从单一牦牛肉类产品到牦牛相关产品生产与销售一体化，实现四川牦牛产品的多层次、多体系覆盖，从产业层面改进四川牦牛产业价值链。

（2）突破牦牛产业融资“瓶颈”，助推牦牛产业经济腾飞

四川牦牛产业大多数属于劳动密集型和资金密集型企业。此部分企业处于产业链的尾端，对资源、劳动以及资金要求高，但是相关产品附加值低。因此，在生产成本、市场竞争和品牌辨识度等多重压力下，四川牦牛

① 孙健，马立强．网络经济视角下的企业集群价值链升级模式[J]．社会科学家，2011(10)：124－126.

产业面临资本短缺等问题，这成为四川牦牛产业价值链进一步发展的主要阻力。突破牦牛产业融资瓶颈，需要从以下方面助力：

一是加快相关金融制度改革，加大对四川牦牛产业融资的支持力度，缓解牦牛产业资金短缺现象。尤其是对于四川牦牛产业龙头企业，金融机构要积极给予支持，减少融资环节，并在利率等其他事项上给予一定的优惠。

二是引导民间资本向四川牦牛产业流动，大力支持民营金融机构，在健全相关法律法规的基础上，引导非银行等金融机构加大对四川牦牛产业的支持力度。

三是四川牦牛产业自身要疏通融资渠道，积极创造条件，通过股票市场上市或发行债券等方式进行融资，把四川牦牛产业做大做强。

4.4　四川牦牛产业链升级的金融需求

金融对四川牦牛产业链升级具有重要影响。金融活动能够直接通过资金分配的方式带动其他生产要素在不同生产部门内部分配，并且直接作用于资金流量，进而再作用于资金存量，从直接和间接两个方向对产业结构产生影响。在资本形成、市场导向和信用机制等因素的共同作用下，改变了资金供应链和资源配置结构，推动四川牦牛产业结构向高级化转变。

使用“微笑曲线”理论可以清楚地判断牦牛产业链在附加值上的竞争力的高低。牦牛产业价值链的上游和下游，即为牦牛产业做准备的研发设计以及牦牛肉等原料的加工、牦牛产品销售等环节的附加值较高，利润空间大。而处于中游的牦牛养殖等环节附加值低，利润空间小（见图4－7），这意味着四川牦牛产业要实现产业升级必须走出“微笑曲线”的底端。通过产业链金融的支持，融入现代科技研发、现代制造加工技术以及管理理念，逐步走向“微笑曲线”的高端。

同时，原材料价格和牦牛产品市场需求是影响上下游环节盈利水平的两大关键因素，据此可以分为四种情景，如图4－8所示。

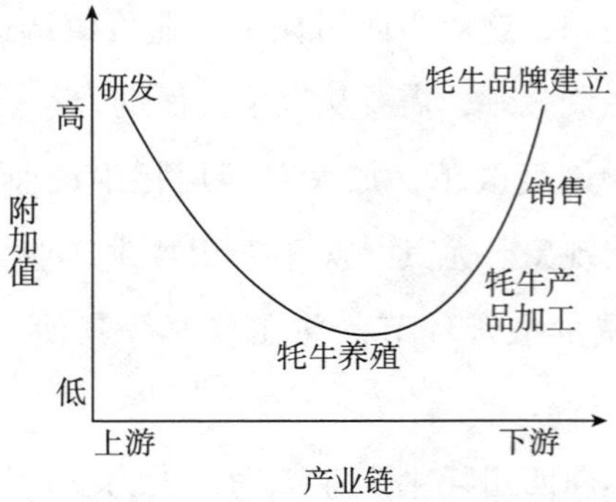

图4－7　四川牦牛产业“微笑曲线”

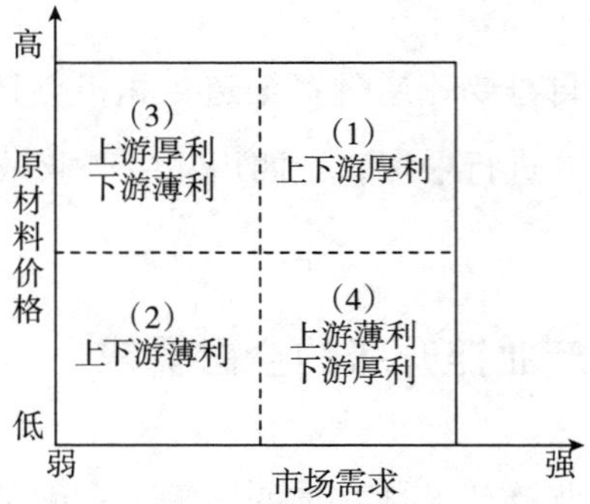

图4－8　原材料价格、市场需求对牦牛产业上下游盈利水平的影响矩阵图

图4－8表明，受到原材料价格和市场需求的双重影响，虽然牦牛产业上游产品附加值相对较低，借助产业链初端的资源优势，这一行业仍有相对丰厚的利润收入，但由于产业链上游在各个生产环节均需投入大量资金，各个生产部门承受着相对沉重的资金压力。这一资金压力导致的生产成本，会转嫁为中下游行业的投入成本，从而对整个产业链的要素成本产生负面影响，最终可能降低四川牦牛产业链的发展速度以及市场竞争力。

4.4.1　产业链上游金融需求

产业链上游是整个产业链的发展基础，也是支撑整个牦牛产业链市场竞争力的核心力量。牦牛产业链上游行业以牦牛相关的科研为中心，如牦牛品种培育、牧场管理、牦牛饲料技术发展等，特点是投入大、见效慢、重技术等。这类科技型企业在新技术研发的初期，无法产生销售收入和利润，且资金需求量持续增长，投入密度持续增加，却难以从银行等金融机构获得更多的支持。只有进入成长期，由于下游产业链的逐步健全，市场经济效益开始凸显，产业链上游相关生产部门得到的金融支持才得以增加、融资渠道才得以拓宽。当牦牛产业链上游研发企业进入成熟期，牦牛产品市场经济效益趋于稳定，但创新投入需求也逐步开始增加，得益于管理创新、组织创新等方式持续发展，此阶段相关产业融资渠道更为广阔，同时风险投资在这一时期开始增加。

牦牛产业链上游还包括牦牛养殖生产在内的生产环节，此环节附加值处于整个产业链的最低端，在市场利润不高的前提下，难以获得更广的资金流量进入。目前，四川牦牛养殖仍然以家庭游牧式养殖为主，尚未形成现代化养殖场，尤其缺乏集约型养殖模式。游牧式养殖不仅不利于牦牛质量和生产效率的提升，而且还是制约四川牦牛产业链形成以及进一步向现代化产业链发展的主要因素。因此，四川牦牛产业链上游的升级，主要表现在建立现代化牦牛养殖场，提升牦牛养殖层次。通过高效、绿色、科学的方式促进四川牦牛养殖走向标准化养殖。产业链上游各环节对金融的需求主要集中在对生产规模扩张的需求。

4.4.2　产业链中游金融需求

牦牛产业链中游的生产环节主要包括屠宰和乳制品、肉制品等相关产品的初步加工，该环节对生产环境、生产技术和生产过程中产品质量的掌控至关重要。在屠宰环节，目前的主流分割技术是“冷分割”技术，其特点是污染小、产品质量好以及保质期较长。同时，屠宰环节并不是简单的分割过程，其涵盖了包括牦牛卫生检疫、肉质分类以及简单冷藏等诸多内容。其中，温度控制和 HACCP（危害分析的临界控制点）体系是关键控制点之一。因此，牦牛屠宰的关键环节是通过一系列手段与技术保证屠宰过程中对温度的控制。要实现这一目标，就必须要求通过牦牛产业园建设，规避牦牛屠宰加工小散乱的局面。这一过程恰恰是需要资本投入最多的环节，但是利润却相对较低。

同时，在牦牛相关产品初步加工环节，主要是对牦牛进行切块或切片、冷藏或冷冻、分级、包装等简单加工处理，制成分割肉、保鲜肉、冷藏肉、冷冻肉、绞肉、肉块、肉片、肉丁。但是牦牛产品初步加工急需解决的问题是，需要在集散、清选、保鲜盒运输等方面相互配套协调等，所以，牦牛产品规格化、标准化和系统化显得尤为重要。应用生物技术手段，在保证牦牛产品初步加工过程安全、卫生的同时，能够提高牦牛生产性能。此环节对增加牦牛产品附加值的作用有限，因此利润虽然高于上一环节，但仍属于低利润环节。其资金需求主要体现在生产流水线的建立以及人力资源培训的需求上。

4.4.3 产业链下游金融需求

牦牛产业链下游主要是集中了深加工、运输以及销售等环节，是担负着生产部门与市场联系的中介。这一环节将原材料、半成品转化为目标需求的过程，也是初级产物发展到成熟产物的过程。此环节将进一步赋予牦牛产品更高的附加值，并根据市场的需求，进一步细化产品体系。此环节利润高，但需要投入相对较多的资本。

此外，牦牛产品品牌的建立，是进一步深化和提升四川牦牛产品附加值的有效手段。在牦牛产品品牌建立过程中，对金融的需求主要集中在广告、文化创意等方面，而部分金融需求所创造的财富属于无形财富，因此，必须有完整和雄厚的产业链上游和中游环节作为支撑。而产业链下游其他如运输、销售等环节，应该融入新的销售理念、运输技术，需要提供金融综合服务，确保关键环节能够建立抵御市场风险的能力。

4.5 现行融资体系的缺陷

4.5.1 四川牦牛产业链升级金融需求的特点

四川牦牛产业立足于本地资源且规模较小，是面向市场的资源依赖型产业，市场变化带来的经营风险较大。虽然已经有一定政策对四川牦牛产业金融服务保障提供支持，但是，处于起步阶段的四川牦牛产业资金短缺的问题一直比较突出，现有金融服务不能支撑牦牛产业现代化发展的需要。在四川牦牛产业链转型升级发展的要求下，资金短缺的问题将逐步成为制约牦牛产业发展的更大困境。

在产业链升级过程中，四川牦牛产业的金融需求将呈现出以下特点：

（1）资金需求量大，周期长

一方面，牦牛产业本身是个大产业，包括土地、畜种、养殖、加工、销售、流通等诸多环节，还涉及农药、农机等农业服务领域，大产业意味着大投入，尤其是牦牛产业上、中游环节，本身属于高投入、低附加值的环节。同时，根据现代农业发展的要求，新技术、新设备、新基地的投入均需要大规模的资金投入。另一方面，随着牦牛产业链的建立，将会有更多、更细的经济部门加入牦牛产业链环节中，并且一些特定的农业细分行业需要的投入资金也很高，如牦牛养殖业。但是，牦牛从犊牛到长成出栏至少需要 2 年，这还不包括前期育种和繁育以及下游加工销售的时间，因此农业投资从投入到起效通常需要较长周期。

（2）资金投入风险大

外部环境的不确定性、技术创新项目本身的难度与复杂性、创新者自身能力与实力的局限性，导致牦牛产业技术创新活动达不到预期目标、牦牛产业在技术革新部分出现不确定，从而为资本进入牦牛产业增加风险。同时，牦牛产品生产受自然气候条件和市场供需影响较大，部分牦牛相关产品如牛奶等保质期有限，且新产品受消费者惯性等因素影响一时难以被市场接受，以及市场开拓等难题，都会增加农业资本进入的风险。这就意味着四川牦牛产业链升级必须改变传统融资方式，建立健全新的、完整的金融体系以预防和降低此部分风险。

（3）多样化趋势

虽然四川牦牛产业在生产上呈现出规模小、分散等特征，但是牦牛产业链生产部门众多，金融需求已经逐步由满足基本生产需求朝专业化、现代化、集约化生产方向发展，因此牦牛产业对金融的需求持续快速上升。同时，在金融需求种类上，四川牦牛产业链升级对金融的需求已经不再是简单地聚焦在存款、贷款等相对低层次方面，而是开始向结算、汇兑、金融咨询、租赁、信托、保险等多样化金融需求发展，牦牛产业需要进一步融入现代金融服务体系中。

4.5.2 现行融资体系金融服务供给特点

目前，我国县域金融服务的主导机构包括农业银行、农村信用社等。在四川地区，面向牦牛产业的金融服务严重不足，金融服务供给呈现出以下特点：

（1）农村信用社是牦牛产业借贷的主体，占据垄断地位

由于我国国有商业银行经历了大规模机构缩减过程，农村信用社逐步成为牦牛产业融资的主要渠道，并逐渐上升到垄断地位。农村信用社垄断地位的形成并非社会经济发展的需求或者农村信用社自我改进而竞争形成，主要是由于其他金融机构逐步退出了该领域。同时，在相关政策上，由于金融监管部门的市场准入机制，即使因商业银行的退出而出现大量空白地带，也不允许新设机构进入，使农村信用社在该领域面临的竞争减弱。

（2）农村信用社资金有限，难以支撑四川牦牛产业升级要求

由于农村信用社普遍存在着经营效益较差且资金流动量不高等发展困境，难以通过自身实力实现资金流量向农业的倾斜。在强化信贷业务监管的背景下，“慎贷”的制约也让处于融资弱势的四川牦牛产业难以得到资金支持。同时，垄断经营的农村信用社资金实力有限，对四川牦牛产业链升级金融需求支撑力度不够。

（3）金融服务供给稀少而单一

四川牦牛生产地主要分布在四川西部地区，各区域社会经济发展不平衡，区域间金融供给不平衡现象也呈现出继续扩大的趋势。金融机构服务点分布及业务开展地区间差异也较大。在社会经济发展相对较好的区域，常常是金融机构服务点分布密集的地区。金融机构所开展的业务也较为全面，如在社会经济发展相对较好的马尔康市，金融机构的业务涵盖了存贷款、信托等一系列丰富的金融产品服务。在社会经济发展相对缓慢的区域，如道孚县，金融机构所开展的业务基本上只集中在存款方面，金融供

给短缺且产品单一。

另外，四川牦牛产业生产环节中，规模大、信誉高的企业相对缺乏，借贷中的信息问题、成本问题无法克服，造成牦牛产业链与金融体系之间的失联，资金供求陷入“逆向选择”。即在有限责任制框架下，当牦牛生产企业杠杆率增加，牦牛生产企业经营风险加大时，风险收益的不对称性就会凸显，道德风险也会增加，利率上升并不必然增加资金供给。

尤其是对牦牛产业小微企业贷款而言，压贷、续贷难等问题仍然存在，且由于牦牛产业贷款利率的结构性差异明显，导致资本持续流向效益好、风险低的经济生产部门。同时，因为借贷中的信息问题，在四川牦牛产业融资过程中出现“劣币驱逐良币”的非正常现象，是四川牦牛产业目前金融体系上出现融资难、融资贵的重要原因。

参考文献

[1]蒋林倩. 新常态下河北省农业产业结构升级研究[J]. 经济师,2018(4):131－132,140.

[2]刘广生. 基于价值链的区域产业结构升级研究[D]. 北京:北京交通大学,2011.

[3]丁晓强, 葛秋颖. 产业升级内涵及研究思路的文献综述[J]. 长春理工大学学报(社会科学版), 2015(6):66－70.

[4]吴彦艳, 丁志卿. 基于产业价值链视角的产业升级研究[J]. 科技管理研究, 2009(6):376－378.

[5]王柏玲, 李慧. 关于区域产业升级内涵及发展路径的思考[J]. 辽宁大学学报(哲学社会科学版), 2015, 43(3):73－80.

[6]管怀鎏. 论产业素质[J]. 江淮论坛, 1997(2):48－53.

[7]黄燕, 商春荣. 区域产业素质升级:基本涵义与测度指标[J]. 经济师, 2001(12):19－20.

[8]杨锐,刘志彪. 新产业革命下产业组织变化的效率改进与实现机制[J]. 天津社会科学,2016(6):93－100.

[9]王茂爱. 论生产要素的优化配置组合[J]. 贵州大学学报(社会科学

版），2003，21(6):18－22.

[10] 伯纳德特·安德鲁索，戴维·雅各布森．产业经济学与组织[M]．北京:经济科学出版社,2001.

[11]龚三乐．全球价值链内企业产品升级、技术进步与进步路径选择[J]．科技管理研究，2009(8):459－461.

[12]孙健，马立强．网络经济视角下的企业集群价值链升级模式[J]．社会科学家，2011(10):124－126.

第5章　国外产业链金融的实践及启示

党的十九大以来，我国做出了大力推进农业现代化的系列重大战略部署，其中深化农村金融体制改革是支持我国农业现代化的重要内容。以产业链金融（Value Chain Finance，VCF）为新模式的农业资金来源多元化的格局正初步形成。对畜牧行业来说，由于其产前投入大、收效缓慢，加上现有的投融资体制安排以及市场供给侧动力机制不完善等，产业链金融供给难以满足其金融需求，制约了畜牧行业现代化发展，需要借鉴国外较成熟的发展模式与经营经验。

国外产业链金融已经从传统的供应链金融（Supply Chain Finance，SCF）进一步发展成基于企业真实的贸易背景、货权和应收账款的转让以及对企业物流、资金流的监控，提供包括信用担保、财务管理、避险保值等增值金融服务，来满足企业的个性化需求的新金融模式。产业链金融是供应链金融进一步的提升。总的来说就是核心企业、上下游企业、银行，以及涉及的第三方物流，都在采用大数据监管下多方互相监控并存。产业链金融已将供应链金融的深度及广度拓展，从行业的上下游关系融资转变成产业内多行业支持融资，从纵向的“串”融资转变成纵横交织的“面”融资。这些思路的拓展，将为突破弱势的大农业融资困境提供很好的借鉴。

5.1　农业产业链金融的国际经验

在农业产业链金融（Agricultural Value Chain Finance，AgVCF）的应

用场景里，产业链融资为扩大农业融资机会，提高融资效率和偿还能力提供了渠道，并巩固了链中参与者之间的经济联系。融资可以在链中创造的具体机会由上下游企业以及链中每个参与者的相对角色共同驱动。正如 Campion（2006）所述，在产业链中提供的融资通常与金融机构看起来不同。不仅财务的性质经常不同，而且动机也是如此①。Nyoro（2007）指出，产业链中的参与者更多地受到扩张市场的渴望而不是金融的可利用性驱动②。例如，交易员通常使用融资作为采购工具，而投入供应商通常将其作为销售激励策略的一部分。对于金融机构而言，它提供了一种降低提供金融服务的风险和成本的方法。对于产业链融资的接受者，例如小农或购买其产品的人，产业链融资提供了一种机制来获得融资，否则会因缺乏担保贷款的担保或交易成本而无法获得融资，它可以成为保证产品市场的一种方式。

总体上，产业链融资可以提高那些提供融资的机构和需要农业融资而无法提供适当抵押的人的整体效率。它可以通过以下方式提高融资农业链的质量和效率：①确定加强链条的融资需求；②定制金融产品以满足链中参与者的需求；③通过直接折扣偿还和提供金融服务降低金融交易成本；④利用产业链联系和链条知识来降低连锁企业及其合作伙伴的风险。随着农业和农业综合企业一体化和相互依存关系的增加而现代化，产业链融资的机会和需求变得越来越重要。

5.1.1 大型合作乳制品产业链——印度 GCMMF

1. 背景和简介

印度古吉拉特邦 Kaira 区牛奶生产商合作社联合会（GCMMF）最初是由于 1946 年的奶农罢工，抗议牛奶贸易商的剥削行为而形成的。在当时的政府指导下，奶农于 1946 年组建了自己的合作社，以结束奶商对经营利润

① Campion A. Technical Assistance, Risk Mitigation and Access to Financial Services: Agromantaro [C]//R. Quiró. Summary of the Conference: Agricultural Value Chain Finance, 2007: 124 - 128.

② Nyoro J. Financing Agriculture: Historical Perspective[R]. AFRACA Agribanks Forum, 2007.

的压榨。这个合作社有自己的标志性品牌 Amul，成立了一家牛奶生产者联盟有限公司，两个以村庄为单位的乳品合作社每月为其提供 247 升牛奶。在产业链概念尚未形成的时代，Amul 系统地将其业务从专注生产转向市场协同，开发出一条深耕于小农体系的高质量产业链。

GCMMF 的三个主要目标是：①通过消除中间人建立牛奶生产者和消费者之间的直接联系；②牛奶生产者（农民）控制采购、加工和销售；③操作专业化以及管理规范化。

在这个产业链条中具有三层组织结构，以便将小股东纳入其中。在基层，从事奶业生产的个体奶农加入了乡村乳业合作社（Village Dairy Cooperatives，VDC）。乡村乳业合作社反过来成为区级合作牛奶联盟的成员单位。然后将地区级工会联合到州级合作组织。因此，GCMMF 是古吉拉特邦的一个州级程度的联合体，在 318 万牛奶生产者的基层中拥有着广泛的群众基础[①]。GCMMF 统计概览如表 5－1 所示。

表 5－1　GCMMF 统计概览

成立年份	1973 年
成员	17 区合作牛奶生产者联盟
奶农数量	318 万
乡村社团（VDC）数量	16117 家
每天总牛奶处理量	1367 万升
牛奶收集（总计，2011 年 12 月）	38.8 亿升
牛奶收集（每日平均，2011 年 12 月）	1060 万升（峰值 1300 万升）
牛奶干燥能力	647 吨/天
牛饲料生产能力	3690 吨/天
销售额（2011 年 12 月）	11668 亿卢比（25 亿美元）

资料来源：Srinivasan N. Indian Experience in Application of Agricultural Value Chain Finance [C] //Workshop on Enhancing Exports' Competitiveness Through Value Chain Finance. www. amul. com.

GCMMF 的乳制品产业链是一个庞大而复杂的产业链，其中有当地合

① Srinivasan N. Indian Experience in Application of Agricultural Value Chain Finance[C]//Workshop on Enhancing Exports' Competitiveness Through Value Chain Finance. www. amul. com.

作社的合作组织，以及为农民带来利益的高等机构。GCMMF 产业链组织如图 5－1 所示。

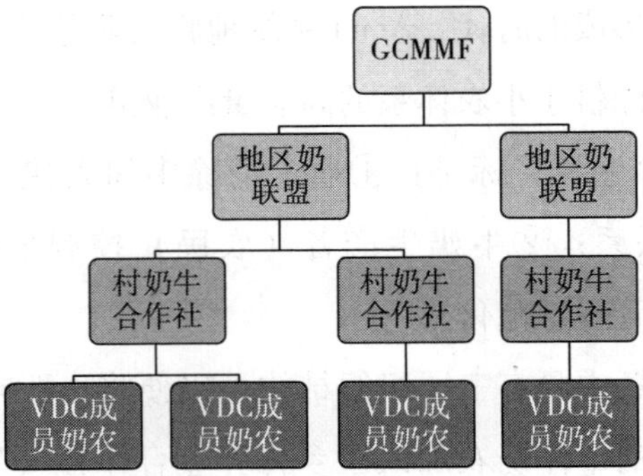

图 5－1　GCMMF 产业链组织

2. 牛奶生产

2011—2012 年，成员工会从古吉拉特邦的 VDC 成员处采购牛奶，总量平均为每天 1003 万公斤。成员工会还从古吉拉特邦以外的地区采购牛奶。从古吉拉特邦以外的地区平均每天采购 89 万公斤，合计平均每天采购牛奶 1092 万公斤。[①] 联邦和工会致力于提高每头奶牛的生产力，以确保增加牛奶采购量。当成员每天购买牛奶时，通过 VDC 组织每周支付一次牛奶的费用。奶工会根据零售的市场价格确定牛奶的价格。GCMMF 由于大规模运营及其与该邦其他合作联盟的联系，在确定价格方面具有相当大的影响力。代表农民的工会和联合会的董事会对于牛奶的定价确保了生产者得到公平的回报。通过提供有吸引力的价格来维持农民对牛奶生产的兴趣，2011 年与 2010 年相比牛奶价格上涨了 58%。根据最终的销售，会员还可以从业务利润中获得奖金和股息。除了这些财务回报，会员还可以享受参与产业链的其他设施：GCMMF 生产的优质动物饲料通过 VDC 组织以成本价提供给会员；此外，还支持 VDC 为会员拥有的牛提供医疗上的帮助。这确保了动物的生产力得以维持并且保持在最佳状态。

① Srinivasan N. Indian Experience in Application of Agricultural Value Chain Finance[C]//Workshop on Enhancing Exports' Competitiveness Through Value Chain Finance. www. amul. com.

3. 加工和销售

牛奶在当地最先进的工厂加工，具有严格的质量控制体系。大多数牛奶经过巴氏灭菌，并以袋装液态牛奶的形式出售。散装牛奶也出售给其他州的牛奶店。联合会投资于创造高附加值产品，负责品牌的发展和营销的运行。随着对新产品开发的重视，GCMMF 一直在推出奶制品，如奶粉、黄油、澄清黄油、酸奶、冰激凌、巧克力、调味牛奶饮料、炼乳以及各种奶酪和牛奶甜食。除了使用其他分销渠道到达零售店外，Amul 品牌下的 6300 多家自营和特许经营店已在全印度开设，用来销售产业链深加工的产品。尽管有来自跨国公司和私营部门巨头的竞争，但是 Amul 仍然保持其在冰激凌销售市场的冠军位置。尽管当地对有强烈内需的奶粉是限制出口的，但 GCMMF 向美国、海湾国家、新加坡、菲律宾、日本、中国和澳大利亚出口了价值约 10 亿卢比的奶制品。出口的重要性不在于价值方面，而在于国际贸易所必需的质量标准。在整个产品开发和营销过程中，重点始终是销售产品，这有助于增加销售和收入，从而获得更大的会员利益。该联合会在 2011—2012 年销售牛奶和牛奶产品，达到 1166. 8 亿卢比。2019 年营业额为 9774 亿卢比。GCMMF 在过去五年中的持续增长率为 20%[①]。

4. 融资

在最初的奶农农场一级，如果是 VDC 成员的农民，可以从银行系统获得购买奶牛和运营资本费用的贷款。VDC 能够促进银行贷款，并且在许多情况下通过利用银行的大宗贷款来促进零售。但是，如果 VDC 的组织层信用薄弱，农民必须在没有 VDC 促进的情况下直接接触银行。过去十年来，一些旨在建立乳制品企业的政府官方计划已经实施。这些计划促进使用银行贷款购买奶牛、建造棚屋、购买设备等，以及对投资成本的补贴，降低企业资产的所有权成本。

在 VDC 这一级别，个别农户用贷款安装了散装牛奶冷却器，用于储存牛奶。在区域奶农联盟和 GCMMF 层面，乳品机械、加工及包装设备需要

---

① Srinivasan N. Indian Experience in Application of Agricultural Value Chain Finance[C]//Workshop on Enhancing Exports' Competitiveness Through Value Chain Finance. www. amul. com.

投资融资的，地区工会和 GCMMF 能够从银行系统和国家乳业发展委员会获得资金。各个成员用充足的股权和能够快速消费的产品线，作为隐性抵押品，以确保银行融资不会成为问题。但在开发的初始阶段，获取信贷是比较困难的，这就是国家乳业发展委员会成立并且尽力为乳制品提供资金来源的一大原因。

通常情况下，奶农根据签订的三方协议获得用于购买奶牛的资金。根据该协议，奶农将从定期支付的牛奶资金中以分期付款方式来偿还贷款，并由 VDC 传递给银行。这种机制为银行提供了一个良性的信用机制，以确保能够偿还金融机构的贷款。乳制品产业链如表 5－2 所示。

表 5－2　乳制品产业链

产业链过程	角色	制度安排	金融安排
生产	农户	购买奶牛、畜牧、牛奶生产	通过 VDC 或银行贷款对奶牛/棚屋进行投资——如果需要，可以从 VDC 获得信贷
整合	乡村乳业合作社（VDC）	农民每日采购，质量检测，如果需要，可以存放散装冷却器	区域奶业联盟每周付款给农民
加工、包装、品牌、运输	区域乳业联盟 GCMMF	从 VDC 到区域乳制品运输的牛奶—— 由区工会加工成包装牛奶、奶制品，并以 GCMMF 的品牌包装	区域奶业联盟的乳品厂和机械由银行和 GCMMF 资助
市场	区域乳业联盟 GCMMF	地区牛奶联盟和 GCMMF 的盈利都取决于产品的性质、市场和品牌	GCMMF 借鉴银行的投资和营运模式

5. 来自 GCMMF 乳制品产业链的经验教训

在这样的由广泛分布的小农构成的产业链中，组成合作社可以更好地发挥作用，合作形式有助于适应小农经济规模的总体财务需求。生产者的深度参与和赋予生产者一定的自主权可以确保经济决策是客观的，并借此保障成员们的利益。这也有助于成员实现收入，成员组织就会在生产、生产力提升以及机制建设方面投入更多。

专业管理是合作社生产者集体成功的必要条件。这不仅需要与市场互动并采用适当的技术，还需要在董事会的决策中注入客观性的一面。小农产业链需要很长时间的周期运转才能充分发挥潜力，需要前期的充分准备。由此案例可看出，一般更需要社会资本和有远见的领导来稳定初始阶段的组织和财务安排。

必须让农户树立动物保健意识，改进生产方式，产业链中的高层组织应该注意这一点。私营部门的竞争可能很激烈，基础成员如农户们，可能成为竞争的牺牲品，除非该组织保持警惕并提供除有利价格收购基础产品之外的全面服务。

一个安全的产业链，可以用产品的价格向银行家保证代表成员能够偿还贷款，并以此促进银行贷款。农民的基层合作社能够向贷款银行提供偿还贷款的依据，成员内的农民也能及时获得贷款。案例表明，对于这些组织以外的小农，很难获得信贷，但这种合作模式更适合满足小农产业链金融的包容性需求。

5.1.2　阿富汗农业产业链融资经验：跨越农产品消费市场标准

1. 背景和简介

衡量农业产业链中市场一体化的关键变量是最终产品可行市场的可预测性和直接进入程度。然而，随着食品卫生和质量标准越来越高，国际市场变得越来越复杂。在多层次农业产业链及其融资的现实需求中，这些日益严格的规则和条例阻止了越来越多的新兴农业生产者和发展中国家的加工商进入流通市场。即使金融部门能够提供这些产业链中不同参与者所需的高度专业化服务，对初级生产者的负面影响也迫在眉睫。除了与市场质量监管有关的要求外，这些贸易受到的限制源于大型消费市场不断提高的标准限制，特别是在非洲和亚洲部分国家的测试和认证设施与服务所需的基础设施存在不相匹配的问题①。尽管创新融资已准备好用于额外的营运

① Rauno Zander . New Trends in Financing Agricultural Value Chains – Promising Practices and Emerging Recommendations for Policy Development[C]//Roundtable on Innovations in Agricultural Finance, 2015:14.

资金和投资，但未充分融入市场的初级生产者将被排除在发展之外。值得注意的是，除了农业产业链融资中一般讨论的那些市场环境中的限制，交易各方的价格透明度和合同安全性也需要考虑进去。

具体案例涉及阿富汗中部的一家大型芝麻贸易商和加工商。该公司在过去 20 年中一直雇用着 16 名常任员工和多达 100 名季节性员工，其中大多数是女性。该贸易公司不仅销售芝麻，而且也是一家大型葡萄干加工商，同时销售不同类型的新鲜水果。该公司年营业额约为 500 万美元，主要出口芝麻和杏仁，并正在建立葡萄干干燥设施①。

该公司在农产品收获期间推出了一种创新的、基于代理的收集农产品的计划。首先，由当地社区的代理人参与并提供现金预付款，以便在农场门口采购农产品。与其他方案不同，该计划主要通过现金购买来运作。这使得小生产者可以在收获时选择具有最优价格的买家。该公司主要负责物流运输部分，因此参与的代理商在存储设施和可用于购买农产品的现金方面均不受限制。融资是内部链条，公司通过自己的流动性资金支付现金预付款，无须外部贷款资金或股权。

2. 该案例中农业产业链金融（AgVCF）的可行性做法

该产业链经常在很短的时间内以非常高频的方式运作。链条中主要公司所有者在收获季节之前为最多 20 个代理商提供了 100 万 ~150 万美元的资金，并在 3 ~4 个月内恢复这些资金，最大未结现金款项不超过一周。案例中的出口商如果在该国拥有更好、更完整的测试和实验室设施，其交易量可以增加 2 倍。由于欧盟的规定，不允许进口某些低于健康和卫生标准的商品，但在其国内尚无法对这些商品进行测试，因此对于无处不在的黄曲霉毒素，还需要将样品从喀布尔送往伊斯坦布尔进行检测，这与在阿富汗境内进行测试所需的时间相比，测试程序花费不少于 10 天并且还会延迟

① Zander R. New Trends in Financing Agricultural Value Chains – Promising Practices and Emerging Recommendations for Policy Development[C]//Roundtable on Innovations in Agricultural Finance, 2015: 15.

一周的运输时间①。

3. 扩大模型和限制

在这种情况下，内部金融产业链的基础设施，虽然可以匹配链条上不同链路的商品流量，但远远低于市场容量。非传统水果（如芝麻和葡萄干）的区域和国际市场正在蓬勃发展，并且可以根据需要灵活扩展代理渠道系统。因为该公司拥有较高的金融净值和未承诺贷款的生产性资产作为担保，一些农业金融机构，如农业发展基金或一些阿富汗小额信贷机构，随时准备为其提供流动资金。但缺少实验室和测试设施限制了整个链条的扩展和发展。由于每个集装箱货物不能在其他国家的远程实验室进行测试，每个出口货物又都构成风险。由于货物不符合欧盟标准，欧盟国家入境点拒收货物的情况时有发生。

对于食品和卫生标准以及有机认证系统，阿富汗目前没有提供足够的设施。虽然支持不同层次小生产者的努力措施很多，但没有考虑整个链条的限制因素。国内政策制定者、农民和出口部门的代表一致认为，财政赤字领域限制了产业链的进一步发展。

5.1.3　经验和教训

（1）农业产业链金融（AgVCF）面临的重要挑战：标准化

越来越多的标准强调食品质量和安全性，但也给生产企业带来了新的挑战和风险，留下了具有巨大潜力的较小的参与者，他们被排除在标准化的供应链之外。对于小农户来说，现代农业食品公司所要求的产品规格，越来越高的标准，导致合同越来越难以遵守。小规模农产品加工企业越来越无法与大型制造商竞争，而本地市场的贸易商可能会受到专业采购的标准要求和实施产品的认证及产品可追溯需求方面的挤压。对于应对这些挑战，国家层面必须建立有利的政策、机构和服务，来支持特定行业，并为

① Zander R. New Trends in Financing Agricultural Value Chains – Promising Practices and Emerging Recommendations for Policy Development[C]//Roundtable on Innovations in Agricultural Finance, 2015: 16.

产业链利益相关者提供综合信息和分析。

（2）产业链金融服务有效性的市场基础

来自中亚大型杏仁出口商的这个说明性示例旨在表明，即使采用创新和特别适应的融资机制，这些服务的有效性在更广泛的市场环境下仍然受到显著的影响。如果进入国际市场受到限制，那么准备交易的产品将不会被吸收，并且将无法实现农村转型的迫切需要。

（3）产业链治理和控制

产业链治理意味着确定谁控制链中的权力关系。鉴于在竞争激烈的市场环境中需要更加重视产品差异化、食品安全和产品标准，治理问题在农业食品体系中变得越来越重要。最近对亚洲开发银行的综合评估得出结论认为，鉴于有利的部门环境，贫困农户可以从农业综合企业中受益，例如他们可以通过销售剩余农产品直接参与市场，还可以从额外的就业和其他非农业创收机会中获益。利用这些机会的能力主要取决于他们可获得的资源，授予他们的机会以及他们应对市场信号的技能。

（4）整体宏观环境和市场环境：行业视角

全面的产业链视角要求市场参与者和外部促进者熟悉这一概念并知道如何应用它。但是，应该指出的是，当产业链的观念和相关的融资安排更加普遍时，连锁促销将更自然地发生，干预措施也会更成功，例如在中美洲和拉丁美洲的某些特定商品（咖啡、茶和一些新鲜水果和蔬菜等）。

提升行业竞争力：Miller 和 Jones（2010）指出了成员主导的行业协会的重要性，这些行业协会可以共同执行市场评估，确定促销工具、品牌推广，并基于产品生命周期实施产品差异化技术①。基于食品健康和安全标准的透明度，提升相关行业竞争力越来越重要。

（5）启动农业产业链融资的创新机制——供给方和需求方的努力

农业产业链融资创新主要涵括市场盈余基础（小生产者的生产力提升）、产品供给预测的可靠性等。

---

① Miller C, Jones L. Agricultural Value Chain Finance: Tools and Lessons [M]. FAO and Practical Action Publishing, 2010.

农业产业链融资中的金融创新通常仅源于已经存在或规模较小的非正式关系中，通常，小型和边际生产者通过非正式的中间人融入当地农村金融市场。但这些组织只有兴趣成为金融主流的一部分，随着农村金融市场的发展，这些非正式金融组织的注意力转向将低收入农业生产者纳入正规金融主流①，这导致缺乏正规金融抵押要求的农村融资者再次被边缘化。

要使农业产业链融资的创新生效，小生产者必须有潜在的生产能力，但目前，这些生产能力不够充分，或者生产效率较低，没有市场盈余基础。因此，农业产业链技术水平既是产业链融资的结果，又是其原因。

此外，农业产业链供应随时间变化的可靠性也成为产业链融资风险控制的重要环节。这一点涉及小农农产品的可预测性和可靠性。农业产业链交易的融资需要这种可预测性②。

5.2 启示

我们可以从印度古吉拉特邦牛奶合作社和阿富汗的农产品贸易案例中获得以下启示。

5.2.1 建立产业合作社

在小农分散经营中建立农民集体组织，是以产业链为基础生计的重要一步。小农户和农业企业在建立的初期阶段很难获得融资。通常小农户没有足够的资源来投资产业链的生产部分，可以组建合作社或公司形式的农民集体，来获取资金、技术和市场的支持。小农户的生产活动必须在紧凑的集群中以产业链为基础进行组织，由于风险很高，银行不愿为小农户提供融资。如果存在能够在贷款违约时代表农民进行补偿的中间人，则可以

① Zander R. Integrating the Poor into the Rural Financial Mainstream: Issues and Options[C]//Schneider H. Microfinance for the Poor? Paris:OECD Development Center,1997.

② Zander R. New Trends in Financing Agricultural Value Chains – Promising Practices and Emerging Recommendations for Policy Development[C]//Roundtable on Innovations in Agricultural Finance, 2015: 17.

提高银行放贷的意愿。

因此，在四川省牦牛产业链的现代化建设中，应将分散的小的牧民和初级加工商纳入产业链规划中。案例研究表明，如果项目和机构设计合适，小农户可以成为可行产业链的一部分，通过与合作组织建立稳定的连接，分享产业链的收益并提升融资能力。

以集体为基础建立农产品的小农集体可能是农户或者弱势融资主体进入产业链和金融高端的最有效手段；随着时间的推移，逐步稳定地建立农户自己的股权机构，以确保融资机构对其处理信贷的能力有信心。农民集体应该在银行和农民成员之间有效地介入，以确保其获得融资。

5.2.2 打造产业链核心企业，以此联动产业中的合作与生产

建设产业链中的核心企业，以此带动链条中各个利益相关者的积极参与，加快推进牦牛产业化经营，推进龙头企业建设是关键。加大对牦牛业龙头企业扶持力度，扶持有基础、有优势、有特色、有市场的产业和产品，形成有规模、有质量的生产基地。这样，通过对核心企业群的金融支持也可以更加行之有效，并且有利于金融监管。

2010 年 10 月 18 日，新希望集团与阿坝州政府战略合作协议签约仪式在美丽的九寨沟举行。新希望集团拟在 5 ~ 10 年内在阿坝州投资 35 亿元，用于牦牛肉产品开发、品牌打造、草原保护、牦牛品种改良等方面 。根据双方签署的《经济发展战略合作协议书》可以看出，新希望集团将实施 60 万 ~ 70万头牦牛科学养育工程，并且随之建设与这个计划相配套的 1000 万亩优质草场。在关键的牦牛屠宰和深加工板块方面，将由其控股的阿坝新希望牦牛产业有限公司，分别在若尔盖县、九寨沟县、红原县三地分两期工程，建设年屠宰能力达到 20 万头、年深加工肉制品 10000 吨的加工生产基地。“但是迄今为止，我们统计的数据显示，新希望集团只在若尔盖县和红原县进行了两个牦牛屠宰和深加工项目的建设投资。”阿坝州商务局工作人员表示，这两个项目从 2019 年 9 月已经投产，2020 年共屠宰牦牛 6000 余头，工业产值 5013. 8 万元，销售收入 3570 万元。

5.2.3　专业化的管理和产业链知识培训

在农民集体层面进行聚合，虽然会提高农民的收入，但只有当农民集体与产业链金融市场结合在一起时，银行才愿意提供融资。为了更好地与市场整合，必须对农民及初级加工商不擅长的商业运作进行专业管理。如果不关注技术和专业管理，农民可能无法从产业链中获益。这是四川省牦牛产业链中亟须解决和应对的。

此外，要注重牦牛产业链知识体系的培训和能力建设。农业产业链金融融合的概念和许多工具尚未得到很好的理解，应当鼓励大学等科研机构、银行培训机构和发展组织制定建设产业链所需的培训和教学课程，推进产、学、研一体化建设。

需要注意的是，要了解产业链融资的局限性。首先，产业链整合不可能对所有参与者都有利。在农业产业链金融中，链条上最不强大的牧民和初级加工商可能会被边缘化。产业链融资无法彻底解决某些牦牛产业链关系中可能存在的不公平现象，需要通过政策以及执法进行治理。其次，产业链融资只能解决与产业链相关的财务需求，还必须搭建向所有家庭和企业推广基础广泛的金融服务的桥梁。

5.2.4　成熟的农业金融机构

在银行系统中，构建基于产业链的农业金融意识是必要的第一步。为农业产业链提供融资需要技能、专业知识和对银行等金融机构产业链活动性质的第一手信息。

银行应将产业链视为一个整体系统，在这个系统中，每个更高层次都会获得较低层次的收入信息；只要可以获得链条产出的可行市场，就可以控制链条中较低环节融资的风险。如果银行为链条中的关键点提供资金，它将能够控制链中的风险。如果银行选择偶尔为链条的某些部分提供资金，那么它将不会看到链条中的全部风险，可能会面临不利后果。事实上，农业融资最好是在产业链基础上进行，因此对生产、中间和最终市场的全面了解，会影响银行做出适当的投资决策。

在小农产业链中，农民组织是确保成员对聚合产品供应保持忠诚的更好方法之一。银行应该转变低估农民集体作用的倾向，并在评估集体的潜力和业绩的基础上积极资助他们。这些农民组织将通过向成员公平分配收入来促进包容性增长。如果鼓励农民集体进行产出信息聚合，则可以避免存在于第三方聚合中的价值陷阱。在这种情况下，银行家的优势在于，他们能够扩大小农的财务需求，并利用农民集体来扩大和收回信贷，降低交易和风险成本。

在四川牦牛产业链融资中，成熟的金融机构可以通过整个链条解决产业链中上下游过于分散的交易信息不对称问题，并通过缩减交易环节降低交易成本。比如，将牧草种植、精饲料加工、良种繁育养殖、牧场管理、乳品加工、物流冷链、品牌销售等各个环节的行为主体聚合起来，形成产业集聚的新模式，适当推出线上金融服务及普惠金融增值服务，但建立这些金融设施需要专业管理、专业信贷和技术支持，需要专业成熟的机构培育过程。

5.2.5 政府政策支持

要在分散经营的小农生产中建立牦牛产业链金融体系，需要牧民生产合作社、核心加工企业和以银行为主要代表的金融机构全力协助，完善各自范围内的能力。此外，还需要国家一级的政策和适当的金融架构与基础设施，使小农融资成为现实。

政府需要做好前期投入，积极为农业产业链的发展创造良好的外部环境，制定和颁布一系列有利于产业链运作的法律法规，重视对农业产业链管理的研究工作。例如：政府投资发展农业教育、科研服务体系及基础设施建设，从宏观上引导专业化生产的发展，为专业化生产提供优惠政策和技术服务。政府应以畜牧行业为基本依托，重点支持畜产品生产、农产品加工和销售、餐饮、休闲以及其他服务业融合发展，最终实现牦牛产业链延伸、产业范围扩展和农民收入增加 。同时，农村金融机构应适应农业规模化生产和集约化创新的经营服务需要，创新农村金融产品和服务创新。金融监管机构要确保金融架构和网络在牦牛产业链地区范围内有针对性地设置。

参考文献

[1]Campion A. Technical Assistance, Risk Mitigation and Access to Financial Services: Agromantaro[C]// R. Quirós. Summary of the Conference: Agricultural Value Chain Finance, 2007:124 - 128.

[2]Nyoro J. Financing Agriculture: Historical Perspective[R]. AFRACA Agri-banks Forum,2007.

[3]Srinivasan N. Indian Experience in Application of Agricultural Value Chain Finance[C]//Workshop on Enhancing Exports' Competitiveness Through Value Chain Finance. www. amul. com.

[4]Zander R . New Trends in Financing Agricultural Value Chains - Promising Practices and Emerging Recommendations for Policy Development[C]//Roundtable on Innovations in Agricultural Finance , 2015.

[5]Zander R . Integrating the Poor into the Rural Financial Mainstream: Issues and Options[C]//Schneider H. Microfinance for the Poor? Paris:OECD Development Center, 1997.

[6] Miller C,Jones L. Agricultural Value Chain Finance:Tools and Lessons [M]. FAO and Practical Action Publishing,2010.

[7]王岩,袁井香.产业链金融发展探析——伊利乳业产业链金融发展之路[J].金融会计,2016(10):65 - 68.

[8]雷德雨,等.美国、日本农村金融支持农业现代化的经验和启示[J].农村金融研究,2016(5):50 - 54.

[9]党鹏. 35 亿投资 7 年未兑现 新希望三年业绩瘦身 91 亿[N]. 中国经营报,2017 - 05 - 15(D02).

第6章　基于产业升级的四川牦牛产业链金融体系创新思路

6.1　产业升级背景下产业链金融发展需求

6.1.1　产业链金融的兴起背景和概念

产业链金融是供应链金融的发展，二者的发展都有着历史的必然性。融资难、融资贵的问题一直都是悬挂在中小企业头上的“达摩克利斯之剑”。大部分中小企业由于经营缺乏稳定性、现金流呈紧张状态甚至断裂，使得静态的以财务作为衡量标准的传统的银行信贷往往无法面向中小企业，而这进一步加剧了中小企业的糟糕变现，如此便形成了一个恶性循环。然而，中小企业的信贷水平与经济地位不对应，有关部门统计发现，现在依然有接近六成的中小企业的经营者在获取稳定的追加投资方面有较大困难。2016年，我国非国有经济的增加值占到了GDP的80%以上，而同年的中小企业在金融机构获得的贷款却只占到金融机构总贷款的64%左右。由此可见，中小企业获得的信贷水平和其在经济中的作用很不相称。所以，政府一直致力于解决中小企业融资难、融资贵的问题。另外，随着我国改革开放成果初见成效及金融改革的逐步进行，经济发展潜力逐步显现，银行业赚得盆满钵满，银行业的竞争也越来越激烈，各大银行都在探索新的发展之路，于是供应链金融应运而生。供应链是指商品到达消费者手中之前各相关者的连接或业务的衔接，是围绕核心企业，通过对信息流、物流、资金流的控制，从采购原材料开始，制成中间产品以及最终产品，最后由销售网络把产品送到消费者手中，将供应商、制造商、分销商、零售商，直到最终用户连成一个整体的功能网链结构。供应链管理的经营理念是从消费者的角度，通过企业间的协作，谋求供应链整体最佳化。成功的供应链管理能够协调并整合供应链中所有的活动，最终成为无缝衔接的一体化过程。供应链金融源于供应链管理，是对整个供应链条提供金融产品与服务的一种金融模式。

产业链是一个产业经济学的概念，是一个包含价值链、企业链、供需链和空间链四个维度的概念，这四个维度在相互对接的均衡过程中形成了产业链。这种“对接机制”是产业链形成的内在模式，作为一种客观规律，它像一只“无形之手”调控着产业链的形成①。同理，产业链金融是站在整个产业的高度来衡量金融服务问题的，其以核心企业为中心，为处于产业上下游的企业提供产品与服务，上至源头供应商，下至终端消费者，全部囊括在内。产业链金融以核心企业为中心，基于整个产业链条上的企业的商流、信息流、物流、资金流为与核心企业有联系的中小企业提供金融产品与服务，这区别于传统的对单一企业的财务评估而进行的金融服务，使得产业链作为一个整体的实力得以传播到作为个体的单一企业之中。

产业链一般包括供应链，即供应链是产业链的一部分，不同行业企业的产业链和供应链的重合度差异很大。二者的区别在于：首先出发点不同，产业链是从整个产业出发，涉及的是整个产业的产品；供应链是从单个企业出发，涉及的是企业产品。其次主体不同，产业链的主体是行业或跨行业；供应链的主体是企业及企业相关的供应商与销售商和用户。最后范围不同，产业链范围更广，供应链涉及的范围只是供应链核心企业的上下游。

① 杨公仆，夏大慰．现代产业经济学教程[M]．上海：上海财经大学出版社，2005.

6.1.2 产业链金融与产业升级

产业升级的本质意义是在产业链上的升级，无论是产业还是产品的升级换代，都应该走出低端制造环节。对于牦牛产业来说，关键是发展模式升级，主要依靠技术创新和整合全产业链的发展、提升品牌影响力，提高对产业链上下游的掌控能力。

金融是经济的血液，产业链金融是统筹产业发展的金融利器。首先，产业链的升级需要金融机构提供面向全产业链而不是针对核心企业的健全的金融服务，健全的金融服务是产业结构调整的必要条件，特别是全面地面向中小企业的融资服务。其次，随着产业结构升级，产业链内对金融的需求不再仅仅停留在传统单一的信贷服务上，其金融需求将更加多元化，比如融资、结算、咨询等。

1. 产业升级的产业链金融需求

四川省的牦牛产业链发展还很不完善，整个产业链中科技力量支撑水平较低，源头的饲料种植、中游的产品加工以及下游的市场销售之间不协调，没有形成比较完善的产业链。一方面，由于整个产业刚刚兴起，核心企业不多且实力弱、引领能力不足；另一方面，由于牦牛产业并非资本热衷的前景广阔的新兴科技产业，对资本的吸引力不足，银行等的金融资本投入不够。发展民族地区这个重要的产业，必须推动实现牦牛产业升级。

推动牦牛产业的升级发展离不开金融的支持。首先，产业升级需要大量的资金投入而且投资周期较长，对于刚刚开始转型升级的牦牛产业尤其如此。无论是牦牛养殖、牦牛加工品生产还是品牌推广等都需要引入和升级现有的生物资产、设备、技术等，大量的资金投入以启动转型升级是必然的；而发展高附加值、技术水平高的产品，需要完善产业链、拓展新的销售渠道，因而产业升级开始阶段的资金回收周期不可避免地会延长。其次，随着产业结构的逐步调整升级，产业链内对金融的需求不再仅仅停留在传统单一的信贷服务上，其金融需求将更加多元化，比如融资、结算、咨询等，甚至会需要专门的个性化金融服务。最后，牦牛产业以中小企业为主，其转型升级必然涉及产业的整合问题，比如并购、重组等，这时就需要投行给予相关方面的产品需求了，比如并购咨询、贷款等。

目前，牦牛产业的金融服务主要是传统的信贷服务，然而传统银行信贷行为还主要处于供应链阶段，围绕产业链核心企业进行服务，对于产业链中的中小企业而言融资难、融资贵的问题依然困扰其发展，这一难题最终能否得到解决将直接影响企业所在产业链的正常连接与运转。另外，产业链发展中也存在短板效应，推动牦牛产业的发展也需要补齐产业链中的中小企业的发展特别是解决融资问题。如果能够发展产业链金融，利用产业链中核心企业的实力，让银行等金融机构把产业链中的众多企业作为一个整体来看待，支持核心企业的发展也就要支持整个产业的发展，将金融服务沿着核心企业的业务往来向整个产业链延伸从而将中小企业也囊括到服务范围，那么长期困扰中小企业的融资问题兴许可以得到解决，也能促进整个产业的良性发展。

2. 产业链金融发展的意义

产业链金融是银行等金融机构在寻求自身发展的道路上的一项金融创新，虽然其是为了自身的盈利而产生，但发展产业链金融却是一个多方共赢的举措。

于银行等金融机构而言，产业链金融是“新蓝海”，扩展了其盈利渠道。一方面，产业链金融突破了银行的传统信贷模式，将金融服务特别是信贷服务由产业中的实力强劲企业扩展并囊括了产业中的众多中小企业，发掘巨大中小企业信贷业务市场，增加了提供融资服务的金融机构的利润空间。另一方面，产业链金融对接实体经济，使得银行等金融机构可以直接链接产业核心企业的经营与生产以及与其他企业的业务往来情况，因而对大小各类关联融资企业的现金流、交易数据等信息有更加充分的了解，风控成本及风险系数明显低于单一信贷行为。

于产业而言，产业链金融最大的助力就是其为产业升级解决了大部分资金投入问题。产业链金融模式降低了银行与中小企业之间的信息不对称性，一方面增强了产业链中的中小企业的商业信用，让中小企业从银行获得一定的信贷额度，而商业信用的增强进一步强化了银行信用向产业链的转移，银行信用进一步增强产业链的实力，如此就形成了良性的生态循环，为中小企业持续注入“新血液”，推动产业发展；另一方面产业核心企业在产业链中发挥的重要作用使得其与产业链中上下游企业的联系更加紧密，对业务往来企业更加了解，既扩展了上游供应商，也加强了下游销售渠道建设。

于政府而言，产业链金融在解决中小企业融资问题方面的重大优势可以推动金融服务实体经济，促进地区经济发展。

3. 产业链金融发展的条件

目前的产业链金融模式助力产业升级是需要条件的，发展产业链金融需要在产业链中具备以下四个条件：其一，需要在产业链中形成核心企业。在传统的银行信贷模式下，企业经营的财务信息的优秀与否是银行等金融机构决定是否提供融资的决定性因素，然而中小企业的财务表现通常都不是很好，而且就算可以进行抵押贷款，中小企业也往往拿不出什么像样的抵押品。于是产业链金融需要产业链中有核心企业来为这些关联的中小企业做靠山，从而解决中小企业融资难、融资贵的问题。其二，产业需要较高空间集聚度。整个产业链金融的发展有赖于将核心企业或产业链整体的信用向全产业链进行扩展延伸，这其中既要涉及产业链企业也要涉及政府、金融机构等，产业的集聚有利于协同效应的发挥，降低各种受距离影响的运输成本。显然让四川当地的金融机构服务牦牛产业链金融的发展要远远好于让位于上海的金融机构来进行。其三，产业链中的企业之间要有高度的关联性，尤其是在资金流、信息流、物流方面。产业链金融通过产业链信用扩散至单个企业来为单个企业服务，同理对单一企业的服务也必须要反哺产业链才行，而这依赖于其与产业链中其他企业的高关联性。其四，需要政府的政策支持。产业链金融的发展有赖于政府对产业的支持引导以及财政资金对产业基础设施的支持，来弥补市场在无利可图的领域的失灵。

产业链金融发展的核心在于发挥政府政策的支持和核心企业的领导作

用，对产业链的信用和资金进行集中管理。一方面由中小企业依托核心企业的背书直接向银行等金融机构进行融资或者核心企业将从银行融入的资金注入产业链中相关中小企业中，解决中小企业融资难、融资贵问题；另一方面增强中小企业和产业链的领军企业的联系，强化合作，增强产业链抗风险实力，增强产业链信用水平。

6.1.3　产业链金融的社会绩效问题

整合牦牛产业链、建设产业链金融基础设施以增加对产业链金融服务机构的吸引力主要还只是站在产业链内部的角度，希望能够吸引金融机构投入到发展牦牛产业链金融中来，为产业链中小企业提供服务，但事实上，仅仅如此往往不能如愿以偿。公司、企业是以营利为目的的企业法人主体，银行等金融机构也不例外，如果他们依据自己的判断认为投入牦牛产业链中并不能获得收益或者机会成本非常大、风险较高的话，他们往往不会全面地进入产业，而只是提供一些基本层面上的金融服务，如结算、存款等，而对于融资服务则是关闭大门。所以，在整合牦牛产业链、建设产业链金融基础设施的同时，有必要在外部推动银行等金融机构走入产业链中来提供融资服务。要实现这一点就不能让金融机构仅仅关注其自身的盈利情况即通常所说的财务目标，同时也应该关注其自身的社会目标，前者称为财务绩效问题，后者称为社会绩效问题。

财务绩效问题与社会绩效问题本是微型金融机构在扶贫、解决中小企业融资等问题时发展出来的，但在扶持产业发展的产业链金融中关注社会绩效问题同样应该是适用的，社会绩效关注的是企业作为社会的一分子应该承担的责任，牦牛是中国的一大特色，也是中国民族地区的特色，四川省牦牛产业链同样是四川省的特色，顺应政府政策支持特色产业的发展应当是处于实力地位的金融机构的社会责任的一部分。

微型金融机构的社会绩效含义存在着诸多分歧，比如由 ACCION International 提出的由六个方面组成的结构框架，包含社会使命、覆盖面、客户服务、信息透明与消费者保护、员工以及与周边社区的联系（Reddy，2009）[①]；Doliger（2007）根据微型企业加速推进工程的说法概括出微型金融机构社会绩效包括四个方面：惠及穷人和被正规金融排斥的客户，适应不同目标客户需求的产品和服务，与客户建立信任关系及增强社会资本，对员工、客户和所在社区的社会责任[②]。政府发展产业链金融主要是解决产业链中小企业的融资难问题，所以我们认为针对产业链金融的社会绩效应该是看其是否顺应政策致力于解决中小企业融资难问题并为产业链中的企业提供完善的金融服务与多种多样的金融产品，总结起来就是惠及被传统信贷模式排除在外的中小企业和适应不同目标客户需求的产品和服务。

对于牦牛产业链金融中金融机构的社会绩效问题，本书只能提供一些抽象的建议，具体实施还得依赖金融监管部门的努力。比如要在监管指标中适当地融入一些社会绩效方面的指标，如面向中小企业的贷款占比、政策扶持产业贷款占比、贷款利率等。但同时监管部门设定的指标不可过于严苛，也不可一概而论，要针对各金融机构的具体实力而单独设定，在要求社会绩效的同时不可挤压财务绩效，实现财务目标，才能实现社会绩效的可持续性。

6.2　新型牦牛产业链金融平台的构建

6.2.1　面向企业的产业链金融服务平台构建

结合产业链金融的发展要求以及四川省牦牛产业的实际情况，四川省牦牛产业中小企业融资难的关键解决之道在于降低中小企业与银行等金融机构之间的信息不对称以及增强核心企业实力。为此可以构建牦牛产业链综合服务平台。此平台是以四川省尤其是甘孜州和阿坝州两大州的区域经济为基础，在政府的主导下，集合牦牛产业链的供需方及第三方服务机构

① Reddy R. Guidelines to Evaluate Social Performance[J]. International, 2009(14).

② Doligez F, Lapenu C. Stakes of Measuring Social Performance in Microfinance[J]. Cerise Discussion Paper, 2007(9).

的信息，致力于解决产业链中小企业融资难问题的金融服务型平台，该平台附带提供产业链上中下游企业信息流通服务。

在产业链金融体系中，数据信息的透明便利性发挥着至关重要的作用，作为牦牛产业链金融推动者的政府，要推动银行、企业等产业链参与主体联合构建产业数据信息中心，收集、整合、处理内部企业提供的信息，改变传统上由核心企业掌控产业重要数据信息的弊端，降低信息缺失、信息不对称，从而促进全产业链内部企业的对接效率的提升以及产业链凝聚力的提高。产业链融资企业是信息提供的主体，而且其应当主动提供业务数据，银行、政府等主要负责信息的审核，确保信息的准确性、真实性。

传统产业链金融的实践离不开核心企业。核心企业在产业链中的明显特征是其雄厚的财务实力和行业领导地位，在产业链金融中其能联通上下游企业信息、提供信用“背书”等。针对四川省牦牛产业核心企业较少、实力较弱的现状，可以考虑把核心企业、龙头企业聚集起来，每家企业从利润中拿出一部分共同成立产业担保基金，政府将牦牛产业扶持发展资金的部分也投入担保基金，政府资金起引导作用，增强核心企业为中小企业“背书”的能力。具体有两种模式：模式一：中小企业在向产业链金融服务机构融资时，关联核心企业对其进行担保，由于核心企业实力问题，所以其担保额度有限，这时可以产业基金作为核心企业保障，发挥杠杆的作用，提升核心企业为中小企业担保的额度，扩展产业链金融服务范围。模式二：以产业基金为基础向无法从产业链金融提供方获得融资的重要、关键产业链企业提供直接担保。

1. 平台的构建原则

其一，政府占据主导地位，但要坚持市场化运作的原则。产业链金融服务平台属于产业公共基础性设施，市场在公共基础设施上往往是失灵的，市场主体都期望成为“搭便车者”。因而，产业链金融服务平台的构建有赖于政府产业扶持政策的支持，需要政府相关部门的集体合作构建。主管部门在平台构建完成之后就主要承担着维护平台的任务和监管责任，而对于平台具体运作则应该由市场主导，尽量减少政府对市场的行政干预，坚持市场化运行，充分释放社会主义市场经济的活力。比如平台成员之间业务成本、贷款利率等都不可进行行政干预，但可以提出指导性建议。

其二，政府引导，服务平台各方积极参与的原则。服务平台服务的不是政府，政府只是承担着构建和维护的责任，服务平台具体的设计需要产业链企业、银行、保险、风投等服务平台的使用方根据自身的具体需求建言献策。

其三，制度先行原则，强化信息安全。平台的构建需要制度指导和法律保障，平台的信息中心功能涉及信息安全和商业机密等问题，需要事先就相关事宜设定好相关责任条款，并强化平台的信息安全系统；信用“背书”的功能涉及产业与金融风险问题，制度先行能有效减少事后的相关责任纠纷问题。

其四，确保信息准确、完整、及时性原则。政府要承担起平台信息审核主体的责任，对于相关方提供的信息要严格审核；对于应该提供而未提供的信息，要求相关方做出说明，理由不充分的必须严厉惩罚。

2. 平台的功能与缺陷

其一，信息交流中心功能。在传统的产业链金融中，产业链的信息流、物流、资金流都是由提供产业链金融服务的金融机构收集整理的。对于金融机构来说，这些信息需要实时更新，收集和更新需要相当大的人力成本。但在产业链金融服务平台，这些信息由需要金融机构提供的产品与服务的产业链相关企业自身实时输入平台信息系统中，提供服务的金融机构只需要简单地调用平台数据库就可以查看参与平台的所有企业的全部信息，极大地弱化了信息不对称对产业链金融的阻碍作用。这既有利于金融机构全盘考虑产业链整体状况，也有利于降低金融机构收集信息的人力成本，从而降低金融机构提供服务的成本和降低产业链企业享受服务的负担。而且设定企业相关信息对其他企业可见，有利于产业链中供需信息共享，减少信息不对称，在一定程度上解决了卖家找不到买家、买家找不到卖家的供需不配对状况，促进了产业的发展，增强了产业实力及对资本的吸引力。

但我们应该注意到，信息获取的便利性所带来的信息安全问题以及企业之间信息的透明性所带来的商业机密问题，使得平台构建的信息安全原则怎么强调都不为过。

其二，信用背书的功能。对于刚刚发展起来的弱小牦牛产业链来说，政府的产业扶持资金不过是杯水车薪，远远解决不了牦牛产业链的发展问题。若政府能将产业扶持资金融入牦牛产业链金融服务平台合作成立产业扶持基金，依托政府信用并以该基金对产业链中经严格筛选的中小企业提供背书，则可以起到明显的杠杆作用。金融机构对产业链中的中小企业惜贷主要就是担心贷出去的款无法收回，但往往这种担心过度化了。而一旦将政府信用融入并以扶持基金做类似于中央银行的“最后担保人”的角色，给金融机构吃一颗定心丸，则可以极大弱化金融机构的这种忧虑，从而放松对中小企业贷款的审核，使中小企业更加容易从银行、财务公司等金融机构融到资金。同时，允许该服务平台的产业链企业、金融机构等收取一定比例的费用，并以这些费用成立平台担保基金。在某个企业的贷款出现还贷问题时，利用基金提供保障，以此减小系统风险的扩散，实现利益共享、风险共担。

对于信用背书这一功能需要注意的是，当风险出现时责任承担顺序的问题。首先承担问题的应该是具有还款责任的企业，当企业无法全部承担时再以平台保障基金来弥补，最后才轮到产业扶持基金这个“最后担保人”上场。

3. 平台的风险防范

其一，平台信息造假风险。牦牛产业链金融服务平台的良好运作很大程度上依赖于平台信息的准确、完整、及时，一旦企业为获取金融机构的融资服务而制造假信息并没有被发现时，金融机构依据此提供融资服务且金额较大的话将很可能出现较高的金融风险。因而，政府一定要加强在这方面的投入与建设，确保信息准确、完整、及时。

其二，过度杠杆化风险。在牦牛产业链金融服务平台上融入政府信用往往会给银行、财务等金融机构“靠谱”的印象，并降低对中小企业融资的审核要求。虽然这使得中小企业更容易从中获得融资贷款，但牦牛产业链还处于产业发展的初期，风险较大，并且产业链中鱼龙混杂，银行不知不觉就已经进入了风险较大的行业。一旦牦牛产业出现问题，风险在杠杆作用下会得到放大，可能会引起局部的金融风险。因而，监管机构要密切关注平台整体风险状况，避免出现过度杠杆化。

6.2.2　面向小农户的网贷平台构建

牦牛产业链的上游——牦牛养殖以农户散养为主，根据相关调查粗略估计，其占牦牛供给的绝大部分。然而农户的养殖受限于自身的经济情况，往往无法进一步扩大规模，而且应对自然灾害以及提升养殖质量方面都有明显的弱势。农户一般很难从银行等正规金融机构获得产业发展贷款，虽然政策上对少数的民族地区有小额信贷政策，但由于贷款额度较小，所获得的贷款不可能全部都投入牦牛养殖中。如调查显示，所获贷款额度仅为3万元左右，而且期限在2~3年，相对于牦牛养殖周期而言时限偏短，额度偏小。另外，农户的销售渠道较少，市场信息不灵通；而对于产业中游的牦牛屠宰及加工企业而言，其对农户牦牛养殖进展情况亦不了解，且农户养殖分布区域分散，使得原料供给即牦牛肉以及牦牛乳、皮等的供给信息无法传导到中游加工企业。若能将产业中游的需求信息与产业上游的供给信息联通起来，将极大降低产业链企业之间的供需信息不对称性。

借鉴行业先进做法，借助当今互联网金融的发展，牦牛产业核心企业可以联合成立财务公司并以财务公司为依托与政府牵手构建面向小农户的网贷平台。

1. 平台的组建

组建方式。牦牛产业链中游核心企业联合组建财务公司，各核心企业按各自的实力注入资金到财务公司，政府将民族地区针对农户的产业扶持

资金部分注入财务公司，各方按出资比例持有财务公司一定的股权，然后依托财务公司以及现代互联网技术，构建网贷平台，如果有投资者，也可以吸引产业外部资本进入。线上平台与线下财务公司联合运转，线下主要处理线上无法处理的事情，比如法律纠纷等问题。之所以要将政府的产业扶持资金部分注入，是因为首先其可以依托政府信用起到引领作用；其次农户的产业扶持资金有限，直接向农户发放效率低，采用注入财务公司以信贷方式放出，能发挥杠杆作用，提高扶持资金使用效率；最后牦牛产业核心企业财务实力较弱，单单依靠产业内部企业难以自行组建财务公司。

2. 平台的管理与经营

平台管理方式。虽然政府出资占了一定的比例，但日常经营权应当由产业核心企业掌握，而政府承担派遣相关人才担负对平台以及财务公司的运转的监管职责，不可干预平台的日常经营。

平台运转原则。线上线下合规一致性原则。产业链网贷平台虽然属于互联网金融，但这没有改变其作为一种金融模式与传统金融模式一样所具有的金融风险，其仍然需要遵循统一的金融监管规则，服从央行等金融监管部门提出的内部风控规定，加强完善风险管理。

信息充分披露原则。网络金融的鲜明特征就是信息的高度透明与获取便捷性，如果网贷平台构建有外部参与者，则必须及时披露网贷平台经营相关信息，特别是风险情况。

平台治理架构完善原则。平台的管理必须有完备的管理机构、监管机构、风控机构等现代企业管理部门。

完善的网络与信息安全保障机制。网贷平台的业务处理基本在网上进行，大量客户数据存储在网上，很容易被攻击造成信息泄露，必须建立完善的网络与信息安全保障机制。

平台服务方向定位。网贷平台以服务牦牛产业链为发展方向，以牦牛养殖农户客户为中心，链接农户与企业，为农户提供牦牛养殖融资等金融服务。

服务方案。缺少资金的牦牛养殖农户向平台提供贷款申请信息，平台进行审核，信息通过后双方签订贷款协议规定贷款用途，平台发放贷款，农户养殖的牦牛出栏后出售给平台企业并以出售款用来偿还贷款（见图6－1）。

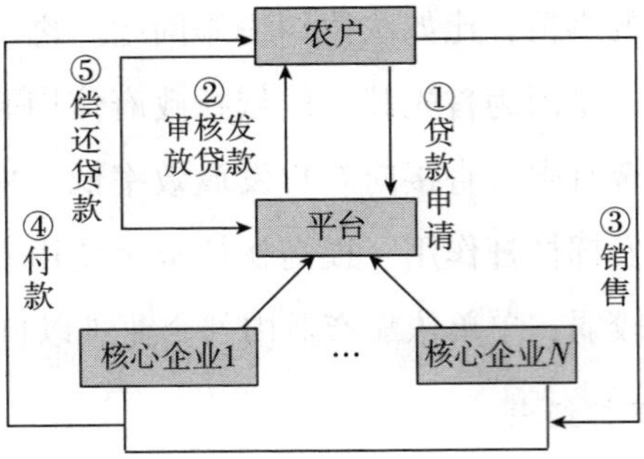

图6－1 网贷平台

6.3 探索区块链技术在产业链金融中的应用

6.3.1 区块链技术简介

区块链技术是一种由集体维护的去中心化的数据库技术，它基于互联网的发展应运而生①。在互联网之前，单纯的信息交换大部分是在一些信息中心的作用下实现的，离我们最近的就是报纸了，由于这个"中心"的存在我们必须付费才能获取相关信息；在当前的互联网技术下，全世界的人只要有网络就都可以实现信息的共享与交流，单纯的信息交换而不涉及价值时，人们不需要提供相关的信任判断信息，信息的交换无须第三方中介来间接地实现，这是一种信息的去中心化；然而当人们要与不熟悉的对手进行有关价值的交换时，基于价值的特殊性，人们需要避免被迷惑、欺骗等从而导致做出错误的决策，这时人们会对交换的信息提出信用的背书要求以确保价值交换信息的正确性、完整性，也就是解决交易中的信息不对称问题，为此，相关的第三方机构如银行、结算等相继出现，这些机构

① 林小驰，胡叶倩雯．关于区块链技术的研究综述[J]．金融市场研究，2016(2)：97－109.

在一定程度上解决了信息的不对称问题，但随着社会的发展，交易方却必须为此服务付出越来越高的成本。如果把全世界的交易者比作一系列的散点的话，那么这些第三方机构就是存在于这些散点中心的最耀眼的“明星”，它们充当着信用的中介将它们的“光”也就是价值信息传递给其他散点，散点付“照明费”。其实这些散点自己也是发“光”的，但由于彼此不信任，所以相互之间不共享“光”并为此付费。区块链技术就是用来解决这些“照明费”的，区块链技术主要实现在缺乏信任的机制下，将所有的散点用线连起来并实现“光”的共享传递，实现信息互联网到价值互联网的转化。

区块链有如下五大特征：其一，去中心化。区块链技术采用分布式结构系统，没有中心化的硬件和管理机构，整个网络上的节点都是一个自中心，即使部分节点出现问题也不会影响整个系统的运转。节点有着相同的权利和义务，价值交换信息采用分布式的方式传播到网络中的每一个节点，所有的节点都对这些信息进行记录和验证并将计算结果上传到网络上的所有节点，实现分布式记账、分布式传播、分布式存储，因而所有的节点都是相互的。其二，基于数学算法构建信用基础。区块链技术在解决信用形成机制方面的创新是其最具颠覆性的特点，其采用数学原理中的非对称密码学思想，将所有的规则以程序算法的形式制定出来，在这一规则下所有的数据内容都是公开透明的，人们的信用不像传统的依赖第三方机构来建立并以此为基础进行交易，而是以这一数学算法为基础，算法为信用背书，信任算法则人们互信。这使人们在对交易对方基本背景资料、道德品行一无所知的情况下也可以进行基于信任算法的价值交换活动。其三，集体维护性。整个区块链数据系统由所有的点共同参与维护。其四，信息不可逆性。区块链形成的数据库是一种时间戳，其由区块和链构成。以电子记录的方式记录价值交换活动发生时的信息，这些存放电子记录文件的文件称为“区块”，区块按时间顺序先后生成，区块与区块之间用链连接，链实现对区块的验证，这样区块 + 链就能对完整历史进行验证。网络上的所有节点都有一份数据库的拷贝，它们都对每一个区块进行验证，除非能控制大部分节点，否则就不能更改区块链中的任何已经记录的信息。其五，可编程性。区块链的可编程性即其可以为不同的交易性质或要求编辑特定的交易程序机制，从而不断地适应现实需求的变化。

由此可以得知，区块链技术的核心在于以数学算法形成一个可信任的数据库系统，将现实社会的价值交换活动的信用基础由交换双方转移到该可信的数据库系统中来，从而减少寻找可信对方进行交易的成本，促进社会交换活动的进行。

整个金融世界就是建立在信用的基础之上的，尽管互联网的发展极大地冲击着传统金融体系，但那些都只是改变金融行业的经营模式，而金融的“心脏”——信用自始至终都在那里好好地跳动着。然而区块链却触及了这个信用基础，通过对价值活动的连续跟踪记录、传输和存储，参与者对交易对手或其他人的相关资料无须了解，也不需要第三方机构的参与，就可以实现交易双方对参与者不信任下，对交易结果的信任。

6.3.2 区块链技术对于牦牛产业链金融发展的作用

信息的不对称性是产业链金融的“天敌”。产业链由行业的上游、中游、下游的各类企业主体构成，无论其规模大小、财务状况、经营历史如何，只要是产业链条中的一份子就应该包括其中。在整个链条的运转过程中，各个企业的交易信息分散地存储在自己的系统内，彼此之间无法获悉相关信息，信息相当不透明，由此产生信息不对称性。就产业内部而言，各企业主体之间在进行交易时，或为了获取更多的交易对手信息或因为信任程度低，都会增加或降低交易价格，甚至因为不信任而中断交易，这样不是产生高额交易成本压缩企业利润就是减少社会交易次数，不利于经济的发展；就产业外部而言，最主要的就是增加了获取金融机构等的融资帮助的难度，金融机构是经营信用的公司，通过降低信息的不对称性来获取收益，产业链中的企业要获取银行等机构的融资帮助就需要向其提供相关的信息，然而银行对所获取的信息的信任程度往往偏低，由于信息的不对称性，产业链金融的相关服务机构会担心核心企业与上下游融资企业勾结篡改交易信息，需要投入人力与物力反复验证交易信息的真伪。虽然站在整个产业链的角度把产业链中的相关公司视为一个整体考虑，也许有些产业整体上并没有那么差，但是整体并不能代表个体，在没有把握好个体的前提下去考虑整体只会造成“1 + 1 < 2”的结果。银行也考虑到了这一点，所以在一些小产业链中产业链金融发展举步维艰。迫于监管机构和政府的压力，银行依然打着产业链金融的旗号采用只向核心企业提供融资的传统金融经营方式，优秀中小企业的融资难问题还是不能得到很好的解决。

区块链技术是信息不对称性的“天敌”。区块链技术由于其具有的分布式记录、分布式传播、分布式存储的去中心化结构，基于时间戳的信息不可逆性和新的信用形成机制，能极好地收集、记录以及整理产业链条所有企业的交易等相关信息，这些信息是透明公开的。如果区块链技术真的成熟并能应用到产业链金融中来，企业之间、企业与银行之间的信息不对称问题得以解决，产业链中优秀的中小企业主体融资难也就不是一个问题了。在对产业链信息流、资金流及物流的事后实时跟踪管理上，区块链的集体维护性特点便展现了其优势，企业的所有交易信息由所有节点成员进行记录、计算、验证，单节点的破坏并不会影响整个系统的运转，这样银行后续就不用投入大量人力、物力对贷款企业进行跟踪调查，实时信息就掌握在银行手中，一旦贷款企业出现微妙的风险信号，银行能及时处理以防范风险。

目前，四川省牦牛产业链还是一个小型产业链条，不完善、不协调，整个产业链主要集中在阿坝州和甘孜州，地理位置偏僻，交通不发达，信息交流闭塞不通，企业往来以线下为主，互联网信息技术应用少，信息不对称性更加明显，基于这样的现实，我们可以推测未来区块链能在这里发挥其优势，为牦牛产业升级发展提供一些帮助。

6.3.3　区块链技术在产业链金融中应用的设想

1. 数字票据助力降低发票融资成本

大部分金融机构都需要大量抵押或担保和长期的信用记录才会向企业融资，尽管在经营规模上属于中小型企业的经济可行性越来越强，但金融机构对其信贷约束却没有改变，由此产生了大量的资金需求缺口。正是这样的资金缺口催生了对短期融资的大量需求，使得发票融资迅速增长，据United Capital估算，2017年全球发票融资规模达到了3万亿美元，每年的增速在20%以上，而发票保理在发票融资方式中是最受欢迎的。在保理业务中，其要求企业将发票按一定折扣卖给保理公司，保理公司将未支付的发票视为资产，尤其当这些发票来自信誉良好的客户时。这些发票只存在于何时支付，而不是是否支付的问题，所以通常金融机构愿意为小企业提供流动性以换取部分发票收益。

虽然发票保理在解决中小企业融资问题方面有着较好的价值，但这种方案在产业链金融中的应用并非没有缺陷。首先，发票融资的成本很高，债权人要求的佣金可以高达应收账款的10%。中小企业在实时支付上的能力本就较差，支付高昂的即时佣金会令它们的生存更加艰难。其次，核实流程也很繁重，需要耗费大量人力。检查借款人的信用值、确认交付的货物及服务、评估准确的发票条款需要手写签名及大量资源，这些工作都拉高了保理费用。最后，在实际业务中，银行等金融机构为了防范风险，往往只对与核心企业有紧密联系的企业提供发票保理融资，使得有巨大融资需求的关联度低的供应商和经销商的需求得不到满足。

面对中小企业的发票融资需求难题，区块链技术已经作为一种可能的解决方案被提了出来。区块链非常适合用于标记金融资产以及记录所有权的复杂变化，由于在评估实际的发票时涉及众多第三方，我们可以在区块链上发行并运行一种数字票据，可以在公开透明、多方见证的情况下进行随意的拆分和转移。这种模式相当于将整个商业体系中的信用变得可传导、可追溯，由于每一张数字发票都是唯一的，所以可以利用信用算法，依赖对数学的信任，为大量原本无法融资的中小企业提供融资机会，极大地提高票据的流转效率和灵活性，降低中小企业的资金成本。

2. 联盟链助力降低商票转让难度

商业汇票和银行汇票是产业链金融供应链条上的重要融资工具，然而商业汇票的使用要受到企业的信用水平制约，银行汇票的贴现时间又有较大的不确定性，现阶段两者的使用都限制在自己的交易对象内，向其他非直接交易对手转让难度大。因为金融机构在实际业务操作中，特别关注应收账款债权“转让通知”的法律效力，如果核心企业无法签回，银行不会愿意授信。据了解，银行对于签署这个债权“转让通知”的法律效力很谨慎，甚至要求核心企业的法人代表去银行当面签署，显然这种方式操作难度是极大的。

银行等金融机构可以与核心企业联合构造一个联盟链，联盟链的系统设计必须满足法律要求的债权转让的规则。联盟链由产业链上的所有企业共同使用，并利用区块链多方签名、不可篡改、集体维护的特点，使债权转让得到多方共识，降低转让难度，提高商票的使用效率及频率。对于银行等机构而言还可以追溯每个节点的交易，勾画出可视性的交易流程图。

3. “机器信任”助力降低风控成本

在整个产业链金融系统中，各方很难证明自身提供信息的完整、准确等，“信息”的清白问题难以解决，使得风险控制成本居高不下。目前，银行等金融机构在向中小企业融资时不仅要担心企业的还款能力以及意愿，而且在一定程度上也担心企业提供的信息的真实性，而交易信息并不由银行等控制，而是由核心企业的 ERP 系统所提供。虽然要篡改 ERP 系统中的信息有一定难度，但不能排除核心企业与上下游企业合谋篡改信息，所以银行等金融机构为了降低风险就需要投入较大的人力物力去验证信息的真伪，这就提高了风控成本，而这些成本最终还是会转移到贷款企业，无形中就提高了融资成本。

区块链基于对数学算法的信任而“信任机器”，具有可溯源、基于数学算法构建信用基础共识、集体维护和去中心化等优良特性，而且区块链上的数据都带有时间戳，数据具有不可逆性，即使某些节点的数据被修改，也无法改变绝大部分数据信息，因而区块链能够提供绝对可信的环境，解决银行对于信息被篡改的疑虑，减少银行等的风控成本。

6.3.4 区块链技术的启示

虽然区块链技术未来极有可能在金融领域得到巨大的应用，但不可否认其目前的发展还存在着一些制约因素，比如给每一交易记录所带来的存储空间问题、网络发展限制导致的交易速度问题等。区块链技术的发展既是机遇又是挑战，在国内外普遍关注区块链技术应用的大背景下，各商业银行应该密切关注国外银行的研究方向和应用成果，积极参与监管部门牵头组织的研究和标准规则制定，加强交流和合作，开展联合研究，积极探索区块链技术的应用。

6.4 产业升级背景下科技金融对产业链金融的支持

6.4.1 科技金融的概念及功能

科学技术是第一生产力，牦牛产业链的升级、发展离不开相关科学技术的进步，而科学技术的创新进步又离不开产业资本的集聚。

近现代的每一次科技革命都是人才和资本集聚的结果，人才为科技创新提供了基础，资本为科技创新提供了动力，同时资本借助其逐利的特性将科技创新应用于商业活动，使得每一次科技革命都极大地推动着社会经济的发展。科技创新与资本、经济的这种关系引起了人们的关注，后来学者们将科技创新与资本的这种关系用科技金融来形容，并将科技金融定义为是促进科技开发、成果转化和高新技术产业发展的一系列金融工具、金融制度、金融政策与金融服务的系统性、创新型安排，是由科学和技术创新活动提供金融资源的政府、企业、市场、社会中介机构等各种主体及其在科技创新融资过程中的行为活动共同组成的一个体系，是国家科技创新体系和金融体系的重要组成部分。然而这样的定义让人们实在无法分清楚科技创新是重点还是金融是重点，不利于在顶层设计上对科技与金融的相关发展政策的制定。我们认为科技金融的本质在于以金融服务于科技创新，其重点在于金融，尤其是在融资方面对科技创新进行支持并把科技创新的直接结果进行商业活动的转化，从而实现金融资本与科技创新的双赢。

美国经济学家 Robert C. Merton 从金融系统的功能角度提出，金融系统具有筹资融资、资源配置、价格发现、择优筛选、信息处理、代理监控等诸多方面的比较优势。以金融服务科技是科技金融的本质，一般而言，科技金融的主要功能就是发现科技创新活动的潜在风险和价值，利用一系列金融工具将科技资源与金融资源高效对接起来，为高风险高收益而又无法满足传统金融融资帮助标准的科技创新活动提供融资机会和发展机遇，支持科技型中小企业发展、促进科技成果转化。同时，科技金融也是现代金融的一项创新。随着互联网的发展，互联网金融等网络金融逐渐兴起，分享着传统金融机构的果实，瓜分着传统金融机构经营利润，导致传统金融机构的盈利快速下降。那么科技金融可以看作是传统金融机构在分享着科技发展所带来的好处，开辟了传统金融机构新的收入来源。

科技活动是一种资本人才密集型的活动，有着高投入、高风险、高回报的特性，这使得众多的社会闲散资本望而却步。然而对于专门从事信用与风险活动的金融机构而言，其雄厚的人才与信息、资本实力使得其在科技投资活动中有着绝对的优势。在科技金融的机制下，金融资本参与创新活动，不仅强化了科技创新活动的基石，分散了科技创新的风险，而且使得科技金融活动的主体得以分享科技创新活动的高额收益果实，而这反过来进一步强化了科技金融服务科技创新的实力，如此便形成了一个完整的科技金融服务科技创新的生态循环系统。

在关注科技金融的巨大积极作用的同时，我们也应该注意到金融应该是一个需要审慎经营的行业，要注意防范风险。科技创新引发相关产业发展升级甚至是一个新兴产业的发展升级，大量金融风险资本涌入，推动产业的发展，从而继续引发风险厌恶程度不同的资本持续流入产业内，最终的结果往往是产业泡沫化及高杠杆性。而科技创新投入巨大但结果却非常不确定，一旦巨额投入无法转化为高额的回报而导致泡沫破裂，则提供科技金融服务的金融机构就会面临巨大的风险，甚至可能引发区域性乃至全国性的金融风险。所以，一方面，在发展科技金融的同时也要相应地制定针对科技金融的相关监管制度与措施；另一方面，科技金融应该服务于朝阳性的产业、高成长性的行业，要着眼全局从全产业链的角度进行服务，避免因产业链中的不起眼的一环的断裂而影响整个产业链的发展。

6.4.2 产业升级中科技金融对产业链金融的补偿

产业升级离不开科技创新、科技创业，必须在产业链金融中针对科技创新、科技创业提供专门的金融服务——科技金融服务。

1. 牦牛产业生产端产业升级途径

随着我国供给侧结构性改革的进行以及消费者消费升级的趋势渐显，新一代以互联网、人工智能为主导的产业革命正在悄然酝酿，推动产业升级已是大势所趋。产业升级的本质是产业链的优化升级，牦牛产业生产端产业升级可以考虑以下三大途径：

第一，基于牦牛养殖与牦牛肉、奶加工技术创新的技术升级。一直以来作为食品产业的牦牛产业在技术创新方面都比较弱，其以附加值较低的产品为主，比如初加工的牦牛肉、常温牦牛奶。然而在肉制品加工方面，国人以猪肉为主，简单的牦牛肉制品一般只在民族地区畅销，需要在肉品加工上加大研发力度，提高肉制品附加值；在奶制品方面，四川省及周边地区的常温奶市场主要被伊利、蒙牛、黄氏等乳企占据，要想取得优势地位，只能开发牦牛奶的巨大营养价值以及借助靠近产奶地的位置优势生产低温奶；在牦牛养殖方面，需要追赶专业化的肉制品、奶制品企业的养殖技术，优化牦牛品种，提高牦牛肉、奶单产与质量。随着我国科学创新技术水平的提高，走技术推动产业升级之路是第一选择。

第二，基于创新创业构建著名品牌的品牌升级。四川省牦牛产业中有点名气的品牌是“新希望”“红源”等，但它们都属于低端品牌，非少数民族地区的消费者对其信任度低，很难走出区域限制和国门限制。根据走访调查，在成都的沃尔玛、宜家等大型超市中，牦牛类产品尤其是奶制品大都摆放在超市偏僻的地方。如能造就一个国内著名品牌甚至世界品牌，兴许可以带动整个牦牛产业走向高端行列，实现升级发展。

第三，基于“互联网+”网络技术的渠道升级。四川省牦牛产业地处偏远地区，如果利用传统方法，则在产品营销、推广等方面都处于弱势，而在“互联网+”技术下，这些问题就不存在了，而且其电子商务功能有着极广的应用前景，牦牛产业可以借助互联网平台实现产业自我升级。

但是单独走哪一条路径往往都是不可持续的。生产技术的创新对接供给端，品牌塑造对接消费者信心，“互联网+”对接中间销售渠道，从国内成功的乳企伊利、蒙牛和肉企双汇等的经验来看，三者同时进行才是正解。

无论怎么实现产业的升级发展，都涉及大量的创新活动，都需要大量的资本投入来破坏旧的、创造新的，在这个过程中不可避免地会遭受各种风险，而其中以技术创新风险性最高。

2. 技术创新的显著风险

第一，技术创新成功率极低。技术创新是一种结果不确定性非常高的探索性、创造性的技术活动，在这个过程中难免会遇到各种风险。考虑到牦牛产业技术创新的经济目的，可以认为技术创新的风险是一种典型的投机风险。根据美国企业创新的调查数据“2011年企业研发和创新调查”（BRDIS），120万家营利性公司中，“小企业”（雇员规模在5~499人）产品创新率总体为9%，工艺创新率为10%①。美国项目管理协会调研发现，大多数公司研发研究显示新产品失败率超过70%②。其表现出的含义——技术创新成功率极低，却是不容置疑的。牦牛产业的科技创新主要是生物技术领域，失败率更高。

第二，技术创新市场推广风险大。现代社会变化太快，市场瞬息万变，而技术创新的研究是一个漫长的过程，往往需要数年时间，所以当一项技术取得突破时，可能当初技术创新设定的目标市场群体的消费意向已经发生了改变，虽然有了创新的产品但消费者偏好已经改变，对于以快消

---

① 贺飞．中美企业创新调查结果比较[EB/OL]．(2016-03-17)．https://wap.sciencenet.cn/home.php．

② 阿安．走出研发困境，一张图展示研发流程之路[EB/OL]．http://www.caoke.net/Article/detail/id/1623.html.

品为主要产品的牦牛产业来说更是如此。牦牛产品虽说与其他肉制品、奶制品有所区别，但区别不是太大，同质化较为严重，当创新品种推出时，可能消费者早已产生了对著名大品牌比如伊利等的依赖。

考虑到牦牛产业技术创新的这两个特点，可以认为技术创新的融资投入往往是高风险偏好的资本。而且牦牛产业链不完善，产业发展前景不明朗；产业科技水平较低，创新少，科技型中小企业少；信息不对称使得金融服务提供方对企业技术项目的未来价值与企业预估存在较大的差异。出于控制风险的考虑，银行、风投机构等更倾向于投资给比较成熟的项目或企业，对于种子期项目或初创期企业、创新型企业，由于高风险、轻资产、收益不确定、信用历史缺乏等，加上风险分担机制尚不完善，受现有法律法规的限制，金融机构服务高技术企业时要承担高风险，却无法实现与高风险对应的高收益，降低了金融机构投资科技的积极性，风险厌恶的传统的商业性金融往往不会涌入这里。但要实现牦牛产业的升级则相关的技术创新、科技创业必不可少，比如恶劣环境下的饲料种植、良种的培育、屠宰及奶制品的制作工艺，等等，这些都离不开资本的支持。在这种情况下，要统筹牦牛产业链金融，在产业链金融中配备专门针对高风险投资的资本，壮大产业链，发挥科技金融服务科技创新的功能。

3. 科技金融在产业链金融中的实践

目前的科技金融的主要发展方向是高新技术产业，而对相关的非高新技术产业的科技创新的科技金融投入则相对较少，牦牛产业严格来说不是高新技术产业。所以作为科技金融需求方的牦牛产业链的相关企业相对于供给方的金融机构、风险投资机构等而言是处于弱势的，这种弱势既有可能造成科技金融供给方不愿意向他们提供金融服务，也有可能在服务费用方面尤其是融资利率方面有着更高的要求。牦牛产业处于初步发展阶段，产业链的科技金融需求较大而相应的针对科技金融的供给却较少，但牦牛产业链科技成果可以普及社会大众，具有重要的社会价值，其不仅能增加就业机会，提高少数民族人民的生活水平，而且有利于社会的稳定，就经济学的角度而言其类似公共品。牦牛产业科技金融的供需不平衡是一种明显的在市场经济环境下的市场失灵现象，近现代的经济学理论研究表明，在市场失灵的情况下社会福利会遭受损失，而且依靠市场自身是很难实现修复工作的，这时应该主要发挥政府的“看得见的手”的功能来实现对市场失灵的调整。

牦牛产业链金融背景下的科技金融建设需要由政府推动，建立完善的科技投融资体系。科技金融体系的建立对科技型企业的发展起到重要促进作用，只有建立与科技产业化相适应的金融体系，才能弥补科技型企业发展的市场缺陷。联合银行信贷、风险资本投资、知识产权质押、科技担保、科技保险以及政府的财政支持，构建完善多层次的科技投融资体系。

（1）政府需要与市场联动，设立创业引导资金，推动创业风险投资

针对牦牛产业，由地区政府和省政府联合设立“牦牛产业科技型中小企业创业投资引导基金”，发挥政府引导的引领、杠杆作用，放大资金总量，通过对创新、创业企业进行风险补助、投资保障、分阶段参与三种方式支持，放大创业投资规模，同时要注意应当坚持基金市场化运作，让市场筛选优质企业，建立风险共担机制，提高政府财政资金使用效率。政府资金如果直接补贴风险损失，那么政府的资金投入必须很大，并且资金使用效率不高。政府可以学习借鉴保险行业的基于小概率模型的经营模式，比如政府建立一个风险补贴资金池，这个资金池政府出资只占一部分，其余部分配置其他利益主体的资金进入，共担分险。以政府引导基金的方式介入创业投资，发挥财政资金的杠杆作用，不仅扩大了对牦牛产业科技型中小企业的融资供给，支持更多牦牛产业创新、创业企业设立和创新发展，而且通过引导社会闲散资本进入牦牛产业，扶持民族地区创业发展，一定程度上增加了其就业职位的供给，增加民族地区就业。

（2）发展银行科技贷款

国家开发银行四川省分行在加强发展地区“两基一支”的传统业务的同时，也应当响应地方政府的号召加大对政策支持产业的支持力度。针对牦牛产业专门在甘孜、阿坝两个牦牛产业集中的地方设立科技支行为牦牛产业提供银行一系列金融服务，如结算、小额信贷等。

（3）推动知识产权质押，发展专业知识产权质押公司

知识产权质押是指知识产权权利人以合法拥有的专利权、注册商标专用权、著作权等知识产权中的财产权为质押标的物出质，经评估作价后向银行等融资机构获取资金，并按期偿还资金本息的一种融资行为。知识产权质押市场的发展很大程度上要依靠政府“制定政策，搭建平台，营造环境”的职能，依托政府信用，构建全国性的知识产权平台避免专利冲突，完善知识产权交易制度，及时提供准确、有效的供需信息，建立便捷的交易方式和登记模式。牦牛产业的知识产权主要是商誉以及专利权，可以以此为质押物向专业的知识产权质押机构融资。

（4）发展牦牛产业科技担保

北京中关村科技融资担保有限公司是科技担保行业的翘楚，其在中关村的众多创新型科技中小企业的发展中起到了重要作用。牦牛产业发展也可以借鉴于此，由政府引导发起在甘孜、阿坝等地区成立牦牛产业科技担保公司，主要服务牦牛产业辅助服务其他产业的科技担保。

（5）发展牦牛产业科技保险

科技保险早在2006年就由科技部和保监会联合推出，发展已有些年头，体系逐渐成熟。地方保险分支机构根据牦牛产业中小企业技术创新的特点，积极开发适合技术创新的相关保险类金融产品，为其创业创新等方面提供科学的保险支持，根据积累的科技保险风险数据，科学确定保险费率。

（6）推动高技术牦牛企业从多层次资本市场融资，直接融资与间接融资齐头并进

其一，推行捆绑发债的融资模式，主要有集合债券和集合票据两种形式，规模、业务等状况相同的牦牛企业可以联合起来发行集合融资证券。集合票据正在成为一项发行灵活度更高、政策空间更大的高新技术中小企业债务“打包”融资工具。其二，推动牦牛产业高新技术企业通过中小企业板、创业板、新三板等途径上市融资。

（7）以财政政策降低牦牛产业创业、创新型企业融资成本

针对牦牛产业创业、创新型企业出台的认定标准，给予其税收优惠，

减轻此类企业的税收负担，并配套其他早期企业相关创业服务政策支持。早期初创企业数量大、成功率低、风险高，减轻这些企业的负担有助于提高其生存率。同时为初创企业提供配套人才招聘、财务代管、法律咨询、政策对接和资源引导等创业服务，实现不仅从数量上扩大支持范围，而且同时保证成功率，助推更多优秀初创企业渡过生存难关。针对牦牛产业链科技金融服务机构的特殊性，适当降低标准，出台符合本省情况的认定标准，有针对性地出台扶持政策，降低科技金融服务机构经营成本。中小企业融资贵的先天性问题一直存在，融资成本高，科技金融服务机构的服务费进一步推高融资成本，因此降低科技金融服务机构的成本有助于降低中小企业融资成本。目前科技金融服务机构的税负比较重，经营成本较高，负担较重，而对认定为高新技术企业的科技服务企业，可以按15%的税率征收企业所得税。

(8）成立牦牛产业科技金融服务部门

科技金融作为扶持科技型中小企业发展的重要方式以及产业链金融的组成部分，是银行等开辟、增加收入来源的重要手段，银行等金融机构要抓住政府扶持牦牛产业发展的机遇，享受牦牛产业发展的红利。针对政策扶持的牦牛产业，银行等金融机构可以成立牦牛产业科技金融服务部门，专门处理牦牛产业科技金融事务，借鉴国内外经验，因地制宜，满足科技创新创业的需求，根据服务的特定对象分类提供服务。在具体产品设计上，科技金融产品要针对科技企业特点，特色化设计，在产品品类上进行创新。科技企业与传统企业有很大的不同，这就需要针对科技企业特点，定制特色化金融服务产品。科技企业无形资产占据了资产结构中的绝大部分，而传统信贷业比较注重抵押品，科技企业这种轻资产特性很难从传统金融机构获得融资，但科技企业的股权具有很大增值潜力，因此附带认股权的债权产品非常适合科技企业。此外，还可以进行知识产权质押贷款、股权质押贷款、保理业务贷款、信用贷款、认股权贷款等多元化融资服务。

参考文献

[1]杨公仆,夏大慰. 现代产业经济学教程[M]. 上海:上海财经大学出版社,2005.

[2]Reddy R. Guidelines to Evaluate Social Performance[J]. International,2009(14):45.

[3]Doliger, Lapenu. Stakes of Measuring Social Performance in Microfinance[J]. Cerise Discussion Paper,2007(9):20.

[4]林小驰,胡叶倩雯. 关于区块链技术的研究综述[J]. 金融市场研究,2016(2):97－109.

[5]游达明,朱桂菊. 区域性科技金融服务平台构建及运行模式研究[J]. 中国科技论坛,2011(1):40－46.

[6]董宁,朱轩彤. 区块链技术演进及产业应用展望[J]. 信息安全研究,2017(3):200－210.

[7]曹磊. 区块链,金融的另一种可能[J]. 首席财务官,2015(24):11－13.

[8]房汉廷. 关于科技金融理论、实践与政策的思考[J]. 中国科技论坛,2010(11):5－11.

[9]吕海燕. 科技金融推动广州农业产业发展对策分析[J]. 辽宁农业科学,2017(6):53－54.

第 7 章　推动产业升级的四川牦牛产业链金融发展模式设计

基于对牦牛产业链金融的发展创新的思考，本章我们就牦牛产业链金融的具体发展模式与服务方案进行设计。

7.1　产业链金融的基本模式

产业链金融服务运行模式是银行以产业链的核心企业为依托，针对产业链的各个环节，设计个性化、标准化的金融服务产品，为整个产业链上的所有企业提供综合解决方案，实现深化银企合作关系，并获取最大收益目标的一种服务模式。发展至今，从产业链的角度，目前主要有纵向供应链金融模式、横向产业集群金融模式及网络平台金融模式三种。

（1）纵向供应链金融模式

该模式主要依托“产—供—销”上下游供应链，构筑银行、企业和商品供应链互利共存、持续发展、良性互动的产业生态。其中，核心企业出于产业发展需要，发挥其产业带动作用和信用优势，承担主要融资方职责，从而通过供应链和资金链，将供应商、制造商、分销商、零售商直到最终客户连成整体，实现整个供应链的不断增值①。在该模式下商业银行利用产业链的信息流、物流、资金流将产业链上的核心企业与核心企业上

① 章和杰，陈通明．“长三角”地区产业链金融的发展现状与问题[J]．经营与管理，2015(10)：22－24.

下游合作企业进行整合和信用捆绑，提供“1 + N”金融服务。“1 + N”代表着围绕核心企业，将供应商、制造商、分销商、零售商直到最终客户连成整体，全方位为链条上的“N”个企业提供融资服务。该模式根据产业链上下游的划分又可以分为上游供应商融资模式和下游经销商融资模式。上游供应商可以依托于产业核心企业的业务关系由银行等金融机构提供保理、应收账款质押、订单、票据等融资服务；下游经销商则由保兑仓、仓单等融资模式组成（见图7－1）。

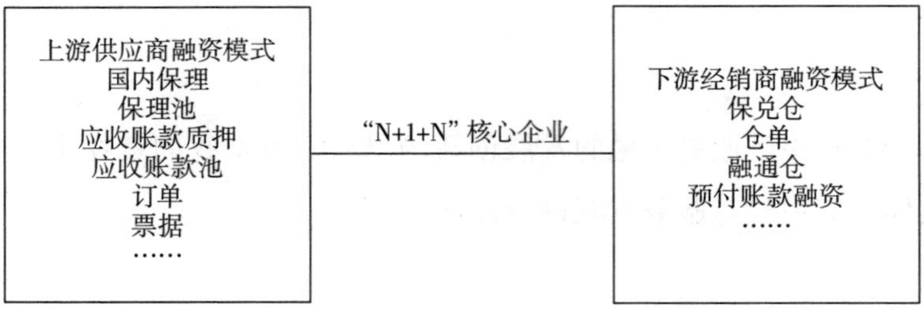

图7－1　纵向供应链金融模式

（2）横向产业集群金融模式

该模式是由纵向供应链金融模式发展而来的，主要是为了适应产业链中没有规模、实力强大的核心企业但存在相似度很高的同类企业的产业。在该模式下，针对产业集群中的关联度高的同类企业提供整体金融服务，与纵向供应链金融模式的“1 + N”不同的是，其表现为“M + N”，指“M”个企业在财务结构上非常相似。银行等金融机构通过自身或其他机构获取的企业信息，为“M”个企业提供批量服务，然后向与这些企业有密切联系的“N”个企业提供服务。横向产业集群金融不仅包括信贷服务，还包括为产业升级与产业整合提供方案设计、资金管理等整体金融服务。

（3）网络平台金融模式

网络平台金融模式是指基于电子商务平台，尤其是大型网上商城平台的金融模式，如阿里小贷公司专营化网络模式，依托阿里巴巴电子商务平台，为平台上进行交易的企业提供信贷支持①。

---

① 张箐．商业银行产业链金融发展策略探析[J]．中国流通经济，2014(1)：110－116.

这些产业链金融模式中发展较为广泛的是纵向供应链金融模式，金融机构也最喜欢采用纵向供应链金融模式，在该模式中，产业核心企业的核心地位和领导及产业带动作用都得到很好的发挥。随着金融科技的发展，在各路资本的争相涌入下，网络平台金融模式也呈现不断扩展趋势。

但应该注意的是，在实践这些模式的时候都有着或多或少的问题。其一，目前社会征信体系建设不健全、不完善，就金融机构的角度而言，即使在产业链金融模式下，金融机构与产业链中小企业之间的信息不对称问题也并不能得到完美解决，两者之间依然存在严重的信息不对称，特别是金融机构对中小企业的相关信息掌握得少且可信度较差，导致金融机构放贷后会面临较大的风险敞口，需要对冲。其二，产业链金融兴起不久，是新生事物，一方面，这些模式的参与主体有银行等金融机构、企业、中介机构及政府等，主体复杂、关系复杂，相关的法律法规仍不健全，存在潜在的法律风险；另一方面，产业链金融需要工作人员既对产业链的企业经营等情况有着深入的了解，又需要优秀的专业能力以灵活判断，然而我国金融业发展历史较短，缺少相关高级金融人才，这种情况下不合格工作人员引起的操作风险概率较大，可能会给银行造成损失。其三，主流产业链金融模式都依靠核心企业实力，让核心企业扮演产业信息流、资金流、物流的整合角色，从而对核心企业上下游中小企业进行融资，如此一来在利用信用捆绑的同时也将产业链的风险进行了捆绑，一旦核心企业出现问题则会沿着产业链波及其他企业，威胁整个产业链的安全。

7.2　推动产业升级的四川牦牛产业链金融业务模式与发展路径

7.2.1　推动产业升级的四川牦牛产业链金融业务模式

不同产业在物流、信息流、资金流等方面都有各自的特色，同时产业链条各个环节的经营情况也有所差别，因而产业链金融体系建设需要具体问题具体分析，要“因地制宜”。

根据牦牛产业发展由企业规模化经营和农户分散经营两部分组成的情况，四川省牦牛产业链金融业务模式可以由银行来向企业部门提供服务，而农户则由网贷平台负责提供服务。四川省牦牛产业核心企业集中在牦牛屠宰和加工行业中，比较典型的有阿坝州新希望牦牛产业有限公司（隶属成都新希望集团）、红原牦牛乳业有限责任公司等，银行可以根据产业链金融的典型模式提供纵向供应链金融模式；服务分散经营的农户的网贷平台则由政府和核心企业联合组建。

7.2.2 推动产业升级的四川牦牛产业链金融发展路径

推动牦牛产业升级，发展产业链金融要多措并举，健全产业链，完善金融服务机制，防范产业与金融风险。

1. 健全、整合产业链

（1）健全产业链

牦牛产业链涉及产业源头的饲料生产、产业链上游的牦牛品种改良养殖、产业链中游屠宰、产业链下游的深加工和销售以及产业链配套行业冷链物流行业，各环节环环相扣。但目前牦牛产业链建设起步晚，内部体系发育滞后，发展不完整。一方面，产业以粗加工产品为主，产品附加值低，同类产品充斥市场、过度竞争形成了拥挤效应，比如粗加工的牦牛肉及乳制品；另一方面，饲料生产、牦牛养殖、产品加工及销售等环节还不协调。因而必须加强产业链整合，确定产业发展主导方向，并通过产业链延伸，使得相关产业、配套产业相得益彰、协调发展，形成全产业链。

（2）整合产业链

传统上产业链整合是产业链环节中的实力企业通过优化调整使得相关企业协同行动，推动产业发展，提高整个产业链的运作效能，最终提升企业竞争优势的过程。随着产业链理论及现代科学技术的发展，人们越来越认识到金融、科技在产业链整合中的黏合作用。针对牦牛产业链实力强劲企业较少的情况，更应该发挥金融的作用，围绕产业链融资需求，与银行等金融机构进行产业链融资连接，借助政府为发展牦牛产业而制定的扶持、优惠政策建立产业发展基金、加大产业创新研发力度、树立良好的产业品牌以及顺畅的产业物流网络。推动牦牛产业散点分布向现代产业集群转变，加快培育创新引领、带动性强的核心企业，完善产业配套供应体系和资金融通机制，形成产业中心。理清供应链关系，明确政策导向，了解资金需求，并围绕做强产业链，开展产业链金融对接，加强产业链纵向或横向联合，提高产业的集中度。按照“建链、补链、引链、强链”的原则①，加大对重点产业链企业的招商力度，提高产业竞争力。

2. 政银企联合推动产业链金融实践

政府要坚持对牦牛产业的扶持政策，引导推动银行等金融机构加入牦牛产业链金融的构建中，推动建立牦牛产业链金融服务多层次发展，既要包括基础的信贷融资服务，也要包括租赁融资、债券融资、上市融资等服务；加大对产业核心企业的优惠政策，发展壮大核心企业，与核心企业联合构建服务定位于民族地区牦牛散养经营农户的网贷平台；抓住区块链技术在产业链金融中的运用，联合银行等金融机构推动区块链技术研究；鼓励牦牛产业创新、创业，引导民间资本进入产业链科技金融中，联合创建产业链创投、风投基金，发展创新产业链。

银行等金融机构，在注重自身财务绩效的同时也要加强社会绩效的建设。当地金融机构要响应地方政府对牦牛产业支持的号召，把握地区特色牦牛产业发展以及产业链金融发展的机遇与红利，踊跃投入牦牛产业链金融的服务建设中，联合牦牛产业核心企业，增加牦牛产业链金融的信贷投入，加大产业链金融的宣传，加强产业链金融知识的教育活动，以纵向供应链金融模式为主攻方向发展牦牛产业链金融。与传统金融对实体经济的支持不同，产业链金融的客户覆盖范围更广、具有很强的包容性，其不仅将产业的核心实力企业纳入服务范围，而且包容了有融资难问题的中小企业，开辟融资新渠道；产业链金融服务把产业链企业间纷繁复杂的业务关系整理为信息流、物流、资金流三条清晰的线，且根据产业链内真实交易背景形成的融资需求，利用产业采购、销售等数据构建模型，提供融资服

① 王可丰．产业链金融发展模式与路径[J]．科技展望，2016(32)：211－227.

务，实现了在产业链闭环风控体系内，风险控制相对集中，遭受违约风险概率相对较低。银行等金融机构推动牦牛产业链金融发展，践行金融服务于实体经济的理念，为牦牛产业升级发展服务，为民族地区经济发展服务，既能收获良好的财务绩效评价，也能获得良好的社会口碑。牦牛产业核心企业既要发挥自身的产业引领作用，也要有壮大产业的使命感，加强产业整合，要利用政府产业扶持政策，与银行等金融机构、政府合作。

3. 健全产业链金融服务机制

牦牛产业链金融的发展，产业链金融服务体系的建设，是一个从简单到完善的过程，需要体系响应参与主体的真实诉求，需要政府、金融机构以及企业等各参与主体的合力推进。

银行等金融机构应加强自身内部资源的整合，综合利用内部各部门掌握的关于产业发展前景、产业内外供求关系、信用状况等的重大信息，完善服务认证机制，及时为产业链中各企业提供专业化、流程化、科学化的全面的产业链金融服务，推动产业链金融服务体系更加规范化、标准化，更加公平、公开、透明。其一，整合服务。当前牦牛产业链管理松散，除少数重点企业外，大多数核心企业和银行都缺乏对链上中小企业的管理和调查，增加了银行的授信风险。特别是在“1 + N”模式下，银行更容易对核心企业的上游供应商提供金融服务，而由于权利不稳定、风险评估所需信息不足等，难以凭借核心企业的信用对下游销售企业提供供应链金融服务。应当立足牦牛全产业链，基于自身优势，对产业链各类信息建立统一呈现标准，方便为产业链上下游成员提供异域资源整合机会。加快业内资源流动互动，帮助需求企业升级改造自身结构，助力整条产业链的金融服务提升。其二，生态服务。好的产业链金融一定是健康可持续的，而健康可持续的产业链金融一定拥有统一、标准化的体系。在环境生态方面，银行等金融机构要联合产业链相关组织机构以及相关政府部门，合作建立完善的符合产业链金融的政策、体系，弥补相关政策真空，做好牧区环境保护；在组织生态方面，强化利用自身经营风险的业务优势，推动牦牛产业链金融信息流标准化，采用大数据将信息自动化、智能化处理，利用风控模型预测风险、识别风险、把握潜在风险；在要素生态方面，要严格审核参与牦牛产业链金融主体的财务金融信息的完整性、准确性、真实性，严格把控风险，增加牦牛产业链信用。其三，融资服务。牦牛产业链金融服务主体应建立统一的标准化的评估标准，基于对产业链资金流、物流、信息流的把控，及时评估风险，确定服务方案，为产业链企业成员提供多元化、安全、高效的融资服务。

市场化运行总会出现失灵，政府要发挥“看得见的手”的调控力量，加大牦牛产业基础设施投入与建设，规范立法。金融的发展离不开法律的规范，我国产业链金融的参与主体比较复杂，业务模式也呈现多样化的特征，这些都使得现行法律在产业链金融领域出现各种不适应性问题。政府相关金融监管部门要加强产业链金融方面的立法，规范产业链金融市场。比如提高流动资产的法律有效性。目前我国的应收账款质押融资及应收账款保理业务存在诸多法律问题，需要通过完善立法，明确应收账款债权转让的第三者对抗条件以及债权质押的债务人对抗条件，并梳理与其他法规及机制的关系。但同时也应该注意到牦牛产业在民族地区中的重要地位，立法既要严控产业链金融风险，也要与民族地区社会信仰、风俗相适应，不可过于严苛而阻碍民族地区经济的发展。金融运行的根基在于信用，目前我国征信体系尚缺少企业结算相关信息，且公开信息的可靠性难以保证，政府需要增加对牦牛产业相关主体的社会征信体系的建设，引导社会资本进入征信领域，快速培育和发展针对牦牛产业的品牌优质民营征信机构，完善征信数据，同时也要加强信息安全建设。

产业链金融的发展不仅只能依靠产业外部融资服务，产业龙头企业也可以加强产业链内部融资服务机构的建设，自建或联合构建支持牦牛产业财务公司，负责处理产业内部资金运转，为产业链条中小企业特别是那些从银行无法获得产业链金融融资服务的中小企业提供金融服务。同时，牦牛产业链核心企业发挥产业龙头示范作用，承诺到期付款，推动商业信用建设，提升产业信用水平，努力将产业链金融的“1 + N”模式向“N + N”模式突破，让牦牛产业链金融的发展不再受限于“核心企业”。

4. 切实防范风险

金融监管部门要建立健全产业链融资相关风险监管法规制度，加强风险识别和风险控制。虽然产业链金融可以有效降低银行等对单一中小企业的信贷风险，但是风险总是伴随着盈利，银行等在实施具体产业链金融服务方案时也应该注意防范风险。

7.3 产业链融资服务方案

7.3.1 纵向供应链金融融资服务方案

在产业链金融中，物流由上游到下游，资金流由下游向上游。其运作流程如图 7－2 所示。

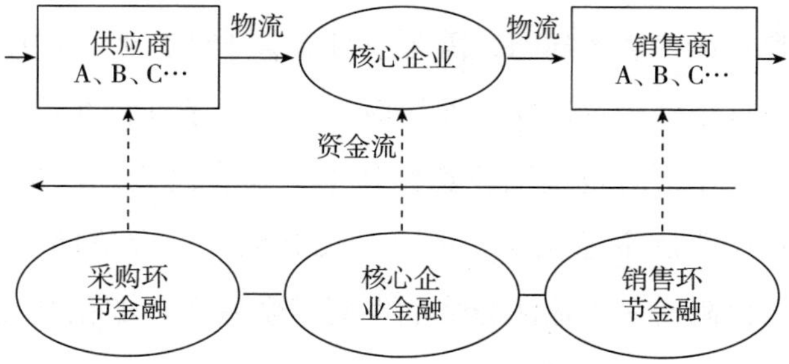

图 7－2 产业链金融运行模式

牦牛产业链金融的具体服务方案制定，需要金融机构“因地制宜”，掌握牦牛产业各个环节的特征，了解每个环节参与者的真实需求，包括融资特征、资金来源等。就牦牛产业链条的主体而言，依次为牦牛饲料供应商，牦牛养殖厂商，牦牛乳制品、皮制品、毛制品加工商，牦牛屠宰商，销售商，冷链配套商。金融机构应该通过对上述产业链条主体的特征、风险和产品、金融需求的深入分析，有针对性地提供信贷产品等金融服务，比如，应收账款类融资、应付账款类融资等。

1. 产业链源头——饲料生产行业

目前，牦牛的饲养以放牧为主，虽有辽阔的天然草地，但牦牛产业至今还保持着传统的畜牧业养殖方式，单纯依靠对现有廉价草地资源的索取来获得收入。草地长期超载过牧，冷季草场有时超载高达 50% 以上，牦牛主产地草地产量下降 25% ~ 35% ，加之沙化、鼠虫害严重，畜牧业资源遭受破坏，草原生态日趋恶化，草地生态明显失衡。由于草地退化，牧草产量和质量持续下降，草畜矛盾日益突出。

为了摆脱牦牛养殖对天然草场的依赖，必须加大饲料人工生产。一方面，由牦牛养殖企业自建部分饲料生产基地；另一方面，由牧民组建饲料生产合作社。牧民小户经营饲料生产，不仅产量小，而且销售渠道不畅通，养殖企业与银行等可以推动组建饲料生产合作社将小户经营组合。银行等金融机构可以根据饲料生产下游的养殖企业的金融服务信息，链接饲料生产合作社，推动饲料销售，这样不仅有利于解决养殖企业的饲料供给问题，而且可以在此过程中向饲料生产户提供融资增值服务。

2. 产业链上游——牦牛品种改良及养殖行业

（1）金融服务思路

牦牛养殖是牦牛屠宰和加工的关键，牦牛屠宰及加工行业产业链上游企业——牦牛供应商，即牦牛养殖企业，在政府政策的推动下逐步由原来的农户散养向小型、大型牧场等规模化、集约化形式转变。

与此同时，四川省牦牛养殖呈现很强的区域性，主要集中在四川省的阿坝州、甘孜州等地区，且牦牛养殖周期较长，生长环境与众不同，在牦牛养殖企业发展过程中，其需要大量资金用来采购青稞、干草等饲料以及支付良种研发等与牦牛养殖相关的支出，以支持扩大规模、改善养殖结构以及提高牦牛质量，周转资金缺乏是其实现快速发展的重要制约因素。而在与其下游的屠宰及加工企业进行市场交易时也容易产生应收账款，导致牦牛养殖企业的流动资金常常处于紧张状态。

有时，牦牛屠宰加工企业为了稳定货源，会向牦牛养殖企业提前下订单来进行预订收购，但并不提前付款，即养殖企业因此形成预收账款。根据屠宰加工企业的行业地位及实力，银行可以依据其预订单向牦牛养殖企业提供订单融资，缓解牦牛养殖企业的资金短缺问题。对于牦牛养殖企业来说，其会或多或少地持有下游屠宰加工企业的应收账款、商业承兑汇票等，这减少了养殖企业的现金流，对于牦牛养殖的长周期而言十分不利，一旦上游供给出现问题，则下游的屠宰加工企业也将面临无货可供的局面，因而屠宰加工企业可以协助银行，根据自身对养殖企业的了解，提供融资设计方案或直接对融资进行担保，具体方案有通过应收账款质押融资和商业票据保贴以解决融资问题。

此外，牦牛养殖企业资产结构以生物性资产牦牛为主，虽然生物性资产价值变化非常大且易损耗，但牦牛作为特色品种具备增值性、唯一性以及可估值性。银行可根据牦牛产业链金融服务平台提供的产业信息，判断产业发展情况，联合产业屠宰及加工企业以适当的抵押率向养殖企业提供贷款，并由屠宰加工企业提供一定程度的担保。

（2）具体实施途径

①订单融资。订单融资是银行、财务公司等为支持卖方备货出运，基于卖方收到的优质下游客户的订单，为卖方提供的专项融资，到期卖方以该订单的买方回款归还银行等的融资。牦牛养殖企业与屠宰加工企业双方签署订单合同后，养殖企业以屠宰加工企业的预订单向银行发出贷款申请，屠宰加工企业提供产业相关信息并保证真实性，银行核实订单真实情况以及审核购方即屠宰加工企业的经营情况，以订单的预收款作为主要还款来源，以一定的比率向订单接收方提供短期融资，以满足其饲料采购、扩大生产等经营需求（见图7－3）。

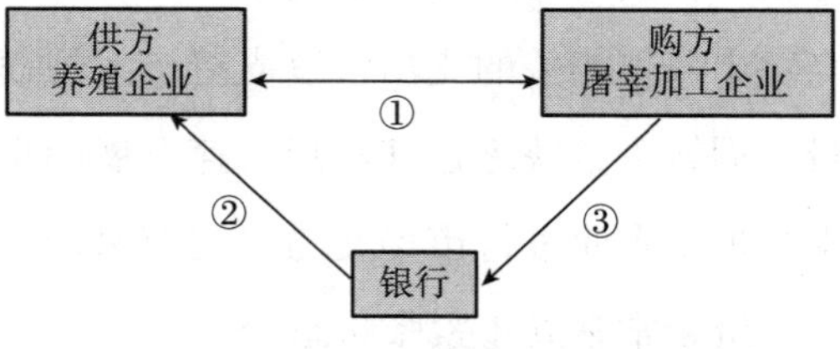

图7－3　订单融资业务图

如图7－3所示，供应商牦牛养殖企业与购货商签订购销合同，并取得购货订单；银行确认合同、订单的真实有效性，基于对购方——屠宰加工企业的信任，确定供应商的授信额度；购货商支付货款，供应商不可动用贷款，由银行在专用账户直接扣还贷款。

订单融资是发运前贸易融资业务，较发运后贸易融资业务风险更高，主要风险在于贸易背景造假。发放贷款机构等要注重贷前审查，利用牦牛产业链金融服务平台的信息功能，了解借款人经营、信用情况，审查订单原件，查阅买卖双方过往贸易往来情况，落实贸易背景的真实性。

②应收账款质押融资。应收账款质押融资指牦牛养殖企业以对屠宰加工企业的应收款作为抵押，并由屠宰加工企业对该应收即自己的应付项提供相关信息以及产业相关信息并保证信息的真实性，承诺事项记入中国人民银行社会征信系统，银行根据屠宰加工企业行业地位、实力及信用水平高低对养殖企业进行授信（见图 7 -4）。

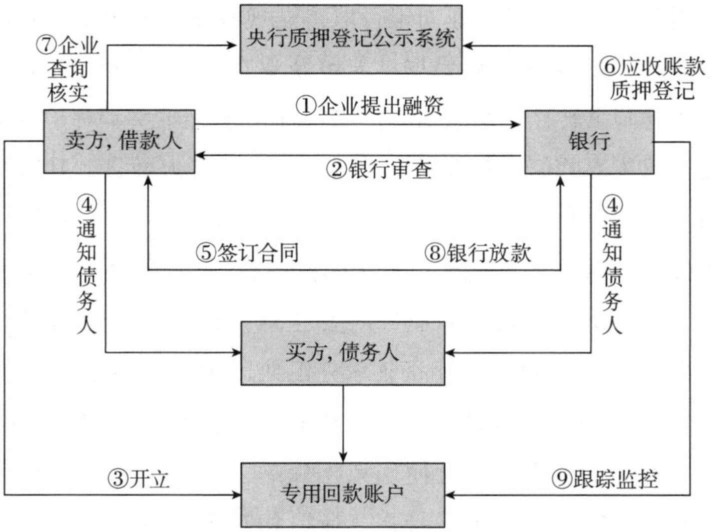

图 7 -4 应收账款质押融资

应收账款质押融资流程是，养殖企业借款人向银行提出应收账款质押融资申请，屠宰加工企业提供相关信息并保证准确性；银行对借款人等信息进行审核评价，确定是否向借款人提供授信及授信多少；授信确认后，借款人需要开立专门的应收账款质押融资账户来接受应收款并作为还款来源；银行与借款人签订合同并在征信系统登记；银行放款并进行事后跟踪；到期还款（见图 7 -4）。

应收账款质押融资主要存在质量评估风险、欺诈风险以及应收账款债券的可转让风险。质量评估风险在牦牛产品中尤为明显，牦牛产品特别是肉制品价值不确定性较大，同时银行等金融机构对动产类质押物的评估经验较少，使得在评估牦牛类产品的应收账款质押物的价值时偏差较大；欺诈风险指的是借款企业故意将不合格的应收账款装饰成合格的应收账款来从银行骗取贷款而使银行产生的风险；债权的可转让性是指应收账款质押业务中开展业务的前提条件，但由于《物权法》中规定了已做质押的应收账款是无法进行债权转让的，如果债权不可转让，那么银行等金融机构就无法实现债权的有效索偿。银行等金融机构在接受出质人以其应收账款设定质押时，应该注意审查该应收账款是否可以合法转让。

③商业票据保贴。商业票据保贴是银行的一种贴现业务，主要是对持票人进行授信。牦牛养殖企业向银行取得贴现额度；养殖企业收取下游屠宰加工企业开出的商业承兑票据；养殖企业在需要融资时向银行进行贴现，或者进行背书转让；票据到期由屠宰加工企业还款。对于持票人养殖企业来说，以买方的信用获得资金融通；对于出票人而言，其减少了当期现金支付，相当于获得了一笔无息贷款；对于银行而言，项目封闭运作，风险可控性强，而且充分发挥了核心企业的行业引领作用，成本小。

银行在开展商业票据保贴业务时要注意授信风险、信用风险以及承兑企业风险。授信风险，银行商业承兑汇票因为有银行承诺兑付，基本上流通性都比较强，但是商业票据保贴业务在各家银行的业务中占比并不大。因为真正的大企业不会使用票据保贴，而小企业银行不会帮他们做保贴，反而是中型企业做得最多，所以相对来讲风险较高，尤其是牦牛这种小型产业链的企业，风险更高。信用风险，主要是指一些企业利用金融机构间的信息不对称，骗取银行信用。这迫使银行在商业承兑、汇票承兑、贴现等业务活动中采取保守原则，极大地阻碍了票据保贴业务的发展。承兑企业风险是指，如果作为承兑人的企业出现破产倒闭、无足够现金等情况，承兑汇票就无法得到实际支付，商业银行开展保贴业务将遭受损失。

④不动产抵押贷款。牦牛养殖企业以其所拥有的牦牛为抵押品向银行申请贷款。一般地，以活物进行抵押贷款时，银行都会非常谨慎。如果上

游养殖出现问题则作为其下游的屠宰加工企业也必然会受到较大的不利影响，因而下游屠宰加工核心企业可以联合银行，银行基于对整个产业链的考虑及核心企业的实力对养殖企业进行授信。

畜牧业养殖的风险普遍较高，虽然银行接受以活牦牛进行抵押贷款，从而增加银行的收入来源，同时支持牦牛产业发展，但银行也应该加强风险防范。比如，抵押牦牛必须办理养殖保险、防止抵押牦牛流失或非法转让等。

3. 牦牛屠宰加工行业

（1）金融服务思路

牦牛屠宰加工企业是产业链的核心，但即使作为产业龙头的牦牛屠宰加工行业的企业也有着资金压力，现金结算、扩大对上游的收购、扩大下游的销售市场、建设稳定便利的供给源头而自建养殖供给基地等都需要大量资金。如果银行真的要发展牦牛产业链金融业务，则必须加大对牦牛核心行业即屠宰、加工行业的支持。

在采购环节要加大对商业承兑汇票、银行承兑汇票的使用，重视商业汇票的营销来拓展业务；在销售环节要重视经销商的作用，协助经销商解决融资困难、加快货款的回收，实现“促销回款”的目标，开展保兑仓业务；在扩展销售的过程中，牦牛屠宰加工企业容易对下游的经销商形成应收账款，从而占用大量的资金流，而且还存在回收、管理等不便之处，对此可以借助银行开展应收账款池融资业务来化解融资问题。

（2）具体实施途径

①商业、银行承兑汇票。银行可以给予更多的承兑汇票支持，但要注意承兑风险。上游牦牛养殖企业可以较多地使用商业汇票，加强自身经营，提升自身实力，然后再由上游牦牛养殖企业以商业汇票向银行等金融机构进行融资。

②保兑仓。保兑仓是由银行、厂商以及经销商三方参与的，依托银行信用以银行承兑汇票作为结算工具，由银行控制货物所有权，厂商接受银行委托保管货物并对承兑汇票保证金之外的金额承担回购担保措施，银行

向厂商以及经销商提供银行承兑汇票的一种金融服务。通俗点说就是，合作银行在经销商缴纳了一定的保证金后开出银行承兑汇票，牦牛屠宰加工企业在接收到银行承兑汇票之前就开始向经销商发货，到期时如果经销商无法向银行偿还敞口，则屠宰加工企业负责进行货物回购或者退款。保兑仓业务从两端入手，既有利于屠宰加工企业的销售，也有利于减轻经销商的资金压力（见图7－5）。

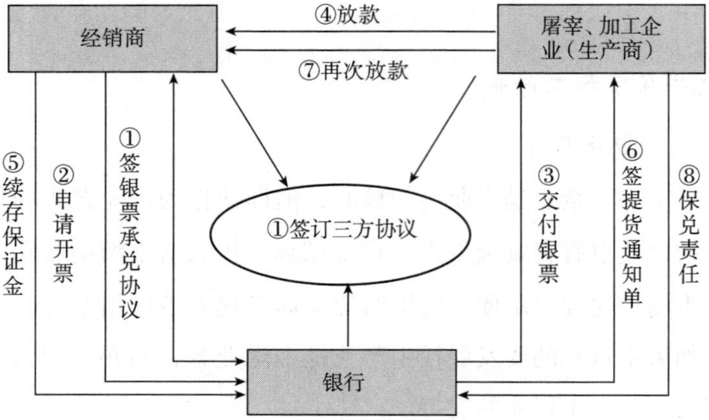

图7－5　保兑仓业务

保兑仓业务的关键在于，一是银行在业务过程中必须控制好货权（由生产商按银行指示放货）；二是协议好牦牛屠宰加工企业对提货总额与银行承兑汇票总额间差额的担保或回购责任；三是在业务操作中应注意防范法律风险以及资信风险。法律风险，保兑仓业务较烦琐，涉及三个层面的法律关系，即生产商与经销商的买卖合同关系、生产商与银行的融资合同关系、生产商与银行的担保关系。由于法律关系复杂，目前司法机构对保兑仓业务纠纷没有一个明确的裁判标准。如果保兑仓业务开展中，未要求承兑申请人提供物权担保，而是寄希望于生产商在交易流程中与银行的配合，保兑仓业务将存在资信风险。因此，选择适合的生产商就尤为重要，在业务办理中银行应对牦牛屠宰加工企业的信誉、经济实力进行重点评估。

③应收账款池质押。应收账款池质押贷款类似于应收账款质押贷款，区别在于应收账款池质押贷款是将一系列应收账款组合在一起进行质押。

牦牛屠宰加工企业的经销商较多，会形成很多笔应收款，但每一笔应收款额度不是很大，银行可以根据下游销售情况让企业把应收款组合打包形成一个应收账款“池”，企业将现在与未来一段时间内所有的应收账款整体质押给银行，银行根据应收账款池的余额对企业按一定的比例授予信用。

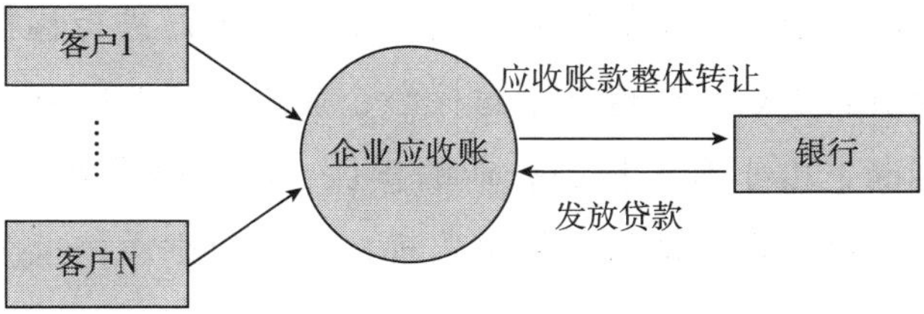

图 7－6　应收账款池质押贷款

如图 7－6 所示，屠宰加工企业向银行提供应收账款的详细资料并向银行申请应收账款池质押贷款；银行批准应收账款池质押贷款的可行性之后，企业转让应收账款至银行，申请银行放款，银行根据应收账款实际余额以及企业下游客户现金流情况确定授信额度并放款；银行在提供应收账款池质押贷款的同时，附加进行应收账款的管理、收取等服务，定期向企业提供相关信息。

应收账款池质押融资虽然具有众多优势，但是它也存在着自身的不足之处，主要是与银行传统授信业务相比，应收账款池质押融资在授信主体授信方案设计、担保落实、信用状况等方面有较大的差异，简单地说就是业务操作过程中风险较大，主要涉及信用风险、法律风险、操作风险等多方面。因此，在具体业务操作中，银行需要注意研究制定具体的操作细则和风险控制措施。

4. 产业链下游销售行业

（1）金融服务思路

经销商在牦牛产品的销售中起到中转站的作用，牦牛肉制品及乳制品的销售款回收周期长，资金压力是经销商面临的主要问题。生产是为了满足消费，一旦销售出现问题则会严重影响产业的发展，所以要重视解决下游经销商的问题，主要考虑担保方案和预付账款融资方案。

（2）具体实施途径

①上游核心企业担保融资。

为了满足意外的销售增减，经销商一般都会维持一定比例的商品库存。牦牛肉制品以及乳制品都是快消商品，保质期短、价值变化大，银行等金融机构往往不接受以这种存货进行抵押的贷款。此时，可以由上游关联的核心企业作为担保方对筛选出来的经销商进行担保，由经销商向银行提出贷款申请，银行基于对核心企业以及产业的判断做出是否提供授信的判断，由于有了核心企业的担保，核心企业承担着法律风险，往往银行会提供一定的授信，如果出现违约情况则由担保公司和银行共同追偿（见图7－7）。

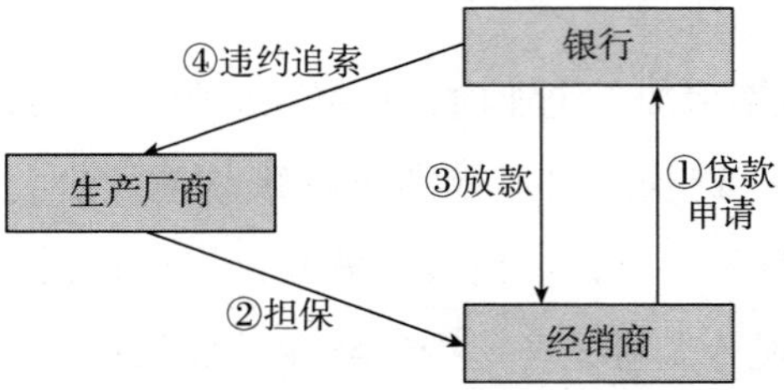

图7－7　担保贷款

②预付账款融资模式。

该模式主要针对经销商商品采购阶段的资金短缺问题。预付账款融资模式是指利用上游核心企业的信用，并由第三方物流企业（仓储监管方）进行监管，中小企业以金融机构指定仓库的既定仓单向银行等金融机构申请质押贷款来缓解预付货款压力，同时由金融机构控制其提货权的融资业务。

经销商与上游牦牛企业签订采购合同后，向合作银行提交一定比例的保证金；银行收到保证金后开出承兑汇票给上游牦牛企业，或者直接将货款划转到上游牦牛企业在银行的封闭账户；上游牦牛企业收到银行的承兑汇票或划转的货款消息后，按照协议要求在约定的时间内将货物发送到指定的第三方物流企业；经销商与银行签订质押合同，将仓库的货物质押给银行；经销商根据业务进展补款提货，直到补足全额保证金；银行向第三方物流发出放货指令。

对于银行而言，核心企业和第三方物流企业的参与经销商的融资服务降低了贷款的风险。核心企业与经销商联系密切，考虑到自身的利益，对经销商的经营会给予更多的辅助和监管，从而进一步降低银行所面临的风险，但应该注意第三方物流监管能力不足、信息反馈不及时的风险以及牦牛产品特别是肉制品价格波动的风险。对经销商来说，可以依托真实商品交易结算，克服自身规模制约，解决短期融资难的问题，借助厂商的资信获得银行的定向融资支持，缓解全额购货的资金压力；对生产厂商来说，可以借银行授信将经销商纳入自身的销售网络，保持并扩大市场份额，稳定销售渠道，建立自身可以控制的强大销售网络。

5. 产业链配套行业——冷链物流行业

（1）金融服务思路

牦牛产业的生产活动主要分布在四川省偏远地区，交通不便，而消费市场又主要在城市地区，且牦牛产品保质期短、不耐高温，因而牦牛产业的发展离不开冷链物流行业的支持，支持牦牛产业的往往是中小型冷链物流企业，因此这一产业链环节实力较弱。冷链物流行业是资本密集型行业。要想发展好配套的牦牛冷链物流，离不开雄厚资金的支持。发展牦牛产业链金融，将冷链物流与金融服务“链接”起来是一个必然环节，如果借此能形成冷链行业供应链上下游良性生态圈，让冷链企业摆脱资金的束缚，将对牦牛产业在物流层上有着极大裨益。

我国乳制品行业龙头企业蒙牛、伊利的实践证明，借助产业龙头企业的信用，将冷链物流和金融服务相结合，能够很好地解决产业链中小冷链物流企业的发展问题，打通产业上下游物流、资金流、信息流，推动整个奶制品产业的发展。

（2）具体实施途径

①冷链贴现模式。

核心企业在牦牛产业链中处于主导地位，中小型冷链物流企业可通过与核心企业业务往来，以上游核心企业提供的商业汇票向银行申请贴现，并将其产品作为抵押转交到银行指定的第三方冷链物流企业。

②冷链保兑仓模式。

中小型冷链物流企业向银行申请采购融资，由银行向核心企业支付集中采购贷款。核心企业将货物作为质押送交银行指定的第三方冷链物流企业仓储并监管。中小型冷链物流企业在规定日期内根据提货单向银行分期偿还贷款本金及利息，而银行根据收到的还款额指示第三方冷链物流企业向中小型冷链物流企业发货。

③第三方冷链物流企业模式。

由银行等金融机构对与其合作的第三方冷链物流企业授予一定的授信额度，再在第三方冷链物流企业的融资担保下，由第三方冷链物流企业向与其保持长期良好合作的中小型冷链物流企业提供灵活的融资服务，以客户抵押的货物作为担保。第三方冷链物流企业作为中介服务商，拥有大量稳定的客户群体，为产业链中各方提供货物加工、运输、仓储、配送等服务，在其服务过程中可以深入产业链的各个环节，替代核心企业成为银行对冷链供应链的控制节点。

7.3.2 网贷平台服务方案

网贷平台一般都采用“一对多”的单独服务模式，考虑到牦牛养殖农户的同质性非常强的特点，可以考虑“一对一”的集体服务模式。

1. “一对多”服务模式

“一对多”指的是单一网贷平台服务区域的所有养殖小农户。单个农户向平台单独申请贷款。该模式虽然能对每一笔贷款项目进行审核，但增加了审核成本，同时也很难对每一农户进行贷款跟踪与监管。

2. “一对一”服务模式

“一对一”指的是一个平台对一个贷款群体的组合，众多处在同一小区域的小农户组成合作社向平台申请贷款。在该模式下，同一片区域的农户组成合作社（具有法律效力），在合作社内组合农户贷款，农户养殖的牦牛也组合出售。所得贷款由合作社按事先约定分配，牦牛养殖品的出售直接由合作社对接平台背后的企业，同时合作社也需要负责贷后的资金利用监管和风险防范提示。该模式下的合作社起到桥梁的作用，既便利资金的“来”也便利货物的“往”，既节约了平台单独审核单户申请的成本，也解决了农户寻找销售渠道的难题。该模式的主要困扰在于合作社的组建和法律效力问题以及违约赔偿争端解决机制问题。

参考文献

[1]章和杰,陈通明.“长三角”地区产业链金融的发展现状与问题[J]. 经营与管理,2015(10):22－24.

[2]张箐. 商业银行产业链金融发展策略探析[J]. 中国流通经济,2014(1):110－116.

[3]王可丰. 产业链金融发展模式与路径[J]. 科技展望,2016(32):211－227.

[4]朱磊,冯锐. 商业银行产业链金融探析[J]. 中央财经大学学报,2012(2):22－23.

[5]洪崎. 产业链金融商业模式创新[J]. 中国金融,2014(1):43－45.

第8章　基于产业升级的四川牦牛产业链金融产品研发与创新

在四川牦牛产业链金融发展模式之下，我们进一步对金融产品的研发与调整进行思考与创造性设想。四川牦牛产业链技术升级产生的金融需求与传统金融产品之间可能不匹配。推动整个产业链升级也需要推动其中的薄弱主体发展，因此，对整个产业链金融产品的供给，我们借鉴供应链金融的思路，并将之扩展到产业链，希望通过产业链各主体之间的关系作为替代抵押，来降低贷款面临的违约风险，缓解借贷中的信息不对称问题。

8.1　基于产业链的贷款产品设计

贷款融资一直被视为传统的融资方式，与传统、稳定的生产模式相匹配，并不适用于创新型生产。在四川牦牛产业链发展的地域——川西地区，金融发展滞后，贷款融资方式处于绝对主导地位，新型融资方式发展基础薄弱。我们希望能够从产业链的角度设计贷款产品，解决产业升级的资金需求。

8.1.1　贷款需求分析

四川省牦牛产业经济发展相对缓慢，农牧民增收困难，其主要制约因素是养殖农户贷款门槛高。养殖农户持有的贷款抵押品严重不足，抵押担保模式也不完善，且贷款风险较大。

1. 牦牛产业生产周期及其特征

牦牛养殖户的成长过程与工商类企业类似，需要经历相应的经营周期。

（1）种子期

为了提高生活质量，养殖户进入养殖行业。他们首先进入种子期，进入周期一般在 1 ~ 2 年。养殖户多以丰富的经验和专业的技能从事牦牛养殖。该阶段的发展基本可以通过自有积累或少量周转资金解决，融资需求总体不高。

（2）扩张期

随着牦牛养殖的回报不断提高，养殖户扩大再生产的意愿增强。但此阶段继续依靠自身积累已无法满足增加生产资料的资金需求。场地、种畜、设备及人员等扩增所产生的成本，成为制约养殖户发展的客观因素。加之当地金融发展滞后，在关系型融资主导下，当地金融机构对牦牛产业缺乏深入了解，风险预判过于谨慎，缺乏有效的风险防控技术，四川省牦牛养殖户在扩张期难以获得银行融资支持。此阶段进入周期一般在 3 ~ 5 年。①

2. 企业贷款需求分析

牦牛产业的资金回笼周期较长，如果没有稳定的资金流支撑，牦牛企业前期投入的养殖成本，对大多数企业都将是一笔沉重的支出。

从企业的贷款需求看，四川牦牛企业普遍规模较小，且缺乏长期规划与资金储备，主要的企业包括阿坝州新希望牦牛产业有限公司等（见表 8 - 1）。它们共同的特征是：经营产业比较单一；贷款一般为流动资金，仅能满足短期资金周转需要；少数融资需求为补充固定资产投资需求，大型固定资产投资需求非常少。四川牦牛企业的资金需求往往比较突然与紧迫，要求授信到位的时间比较紧，授信频率也相对比较高。资金需求特征主要体现为“短、小、急、频”，也即“期限短、金额小、时间急、频率

① 刘翊．农业小微主体融资担保风险评估思路与方法[J]．中国担保，2015(4)：66 - 69.

高”。这些需求与银行的大额贷款产品存在明显的区别。

表 8－1　四川省牦牛产业的主要企业

名称	注册资本（万元）
阿坝州新希望牦牛产业有限公司	4000
若尔盖高原之宝牦牛乳业有限责任公司	1224
红原圣巴拉牦牛乳业有限公司	1000
成都牦牛物流有限公司	300
九龙县春强牦牛养殖专业合作社	240
壤塘县昂科牦牛保种选育专业合作社	103.5
理塘县理唐牦牛肉食品有限公司	10

8.1.2　产业链贷款产品的设计原则

首先，设计与四川省牦牛产业链相匹配的贷款产品需要明确牦牛产业链的特点，需要分析产业链各环节企业的融资需求的特征及其资金的主要来源。牦牛产业链包括牦牛养殖、饲料供应、牦牛产品收购、储运、加工以及销售等环节，各生产环节的特点、风险特征、产品需求各异，需要金融机构有针对性地提升贷款产品和金融服务的质量。

其次，通过分析四川省牦牛产业链的特点，开发适合产业链上下游不同环节的贷款产品。在牦牛产业链中，有的生产活动如牦牛养殖、饲料供应、牦牛饲养服务行业等具有明显的季节性，资金需求和贷款偿还有波动，应该针对各个环节的季节性特点设计相应的贷款产品；而有些生产活动如牦牛产品加工、储运、销售等则不具季节性。同时，为增加对产业链各生产主体的贷款供给，金融机构可以依托产业链各环节之间的紧密关系，采取区别于传统抵押担保要求的贷款技术如联保贷款等，运用产业链相邻环节互相担保技术来扩展贷款供给。

最后，强化牦牛产业链贷款风险管理。产业链融资风险，除了考虑该环节、该企业自身的风险，还要考量其上下游环节的风险，重点是做好产业链核心环节、核心企业的风险监测与管理。金融机构要针对产业链某环节或者某企业自身风险可能引发的链式风险，制定相应的应急措施。根据牦牛产业链的结构、环境等特点分析风险因素，区分风险类别，尽早识别风险，制定风险管理目标。在风险管理中，要运用各种风险控制工具，尽量消除各种风险隐患，减少风险发生，降低风险损失。

此外，贷款机构在贷款时，也要充分考虑当地的经营环境和目标市场客户的特点，设计产品要因地制宜。根据有关部门的统计数据，企业在选择贷款产品时最关注的三个方面为成本、速度、手续。根据四川牦牛产业链贷款需求特征，贷款产品的设计应当充分考虑以下几个方面：金额能满足其自身的需求、成本费用低、放款快、手续简便、还款方便等。

我们建议，四川牦牛企业贷款产品在设计过程中应遵循标准化的原则。

四川牦牛企业贷款产品标准化的原因主要在于：

一是共性。四川牦牛企业在经营、管理、融资需求等方面具备很多共性，尤其是在资金需求上体现出“短、小、频、急”的特征，这些因素是四川牦牛企业贷款产品标准化的基础。

二是数量庞大。由于四川牦牛企业数量庞大，标准化贷款产品可以降低四川牦牛企业贷款产品的运营成本。

三是简单。相对于大、中型企业的贷款产品，四川牦牛企业贷款产品比较简单，相对更容易标准化。

8.1.3　产业链贷款产品设计的基本要素与创新

基于产业链融资创新，牦牛产业链贷款产品的授信业务将不再是传统的单户考察、单笔监测、自上而下的点对点模式，而是站在牦牛产业链全局的角度，以产业链的核心企业为中心，捆绑上下游的中小企业、养殖户和消费者，提供支持产业链整体发展的系统性融资方案。运用这种新模式，以产业链的信用转移作用支持除核心企业外的产业链上下游各成员企业，既有助于解决处于相对弱势的上下游配套中小企业和养殖户的融资抵押担保难问题，更有助于提升商业银行农业产业链的资金运作效率和行业整体竞争力。

1. 目标对象

目前，四川省牦牛生产已实现了由零星分布、单户生产向区域化分布、规模化种植（养）、订单化生产格局的转变，形成了“企业+协会+基地+养殖户”“龙头企业+基地+养殖户”“专业合作组织+养殖户”等发展模式，为推广复制产业链金融贷款模式提供了较好的基础条件。

但在实际应用中，四川牦牛产业链贷款产品首先需要根据使用产品的对象特征而设计差异化的贷款产品。具体来说，银行等贷款机构需结合企业的经营规模、生产周期、贷款需求等来确定贷款产品的定位，也可以根据该企业在产业链的位置选择某一环节（某一细分市场）作为自己的目标市场。

2. 准入门槛

农业产业链贷款产品的准入门槛是指申请相应贷款产品所需要具备的基本条件，一般以企业在本地实际经营时间为限。例如：四川牦牛产业链贷款产品申请贷款金额在50万元以上的客户，要求该客户在本地实际经营期限在3个月以上；申请贷款金额在300万元以上，要求在本地实际经营12个月以上。

3. 贷款期限

对于贷款产品的期限设计，一般会设置最短贷款期限和最长贷款期限。具体来说，最短贷款期限比较适应四川牦牛企业客户“短、小、急、频”的特点，但运营成本会加大、利息收入相对低一些；最短贷款期限如果设置长一些，可以保证一定的利息收入，但可能将一部分客户排除在外。最长贷款期限，如果设置短一些，有利于银行业控制风险，但会影响到贷款规模的积累速度；如果设置长一些，可提高贷款机构贷款规模的积累速度，但贷款风险会相应提升。

通常银行会根据资金用途，设计不同的贷款期限，例如某四川牦牛企业贷款产品期限在1~12个月，用于流动资金贷款；在12~24个月，用于固定资产投资。也会根据客户预期现金流与期限的匹配度进行设置；

通常对新开发客户尽量提供较短期贷款，并通过后续的监督，分期做出调整。

4. 贷款金额

贷款金额一般会按照上限、下限的方式设计。具体贷款额度区间，一般在不高于注册资本的条件下，按照企业主营业务稳定性和净利润，设定 5 万元至 500 万元的额度。具体贷款额度根据是新客户还是老客户、客户负债率、客户现金流情况、业务净收入与业务周转情况、担保能力等在区间内选择。

5. 还款方式

还款方式的设置原则一般需要与客户的现金流、贷款额度相匹配，额度比较小的贷款，倾向于采用等额本金的还款方式。等额本金还款方式，有利于及时控制风险，但可能不适合一些企业的现金流特点。大额贷款可能采取等额本息的还款方式，管理简单，可减轻客户还款压力，但不利于风险控制。如果采用灵活多样的还款方式，给客户更多的选择，则能更好地匹配企业现金流，但会提高贷款机构的管理难度，提高整体的贷款风险，同时对客户经理的评估和把握能力要求也高。

例如，某四川牦牛产业链贷款产品还款方式设置为：以按月等额本息还款为主，但也可根据客户行业生意特征及客户现金流特点，谨慎制定不等额还款计划。具体还款设计采用等额还款还是非等额还款，定期还款还是非定期还款，主要考虑匹配借款人的收入模式。

6. 担保方式及要求

担保方式可以在纯信用、保证、联保、抵押、质押、组合担保里进行选择。一般情况下，50 万元以下的微贷多为纯信用贷款或保证担保、联保担保贷款。

具体评价因素：决定每一笔贷款等级所要求的担保方式；同时使用保证人或者用保证人取代抵押品；保证和抵押只是评估的补充变量，而不是主要变量；应该具备灵活性；当贷款人和借款人尚不熟悉时，应该更多地依赖抵押和保证；随着关系的成熟，抵押和保证的重要性就逐步下降；新老客户差异；借款人的第一还款来源可靠性；组合担保的运用。

例如：某四川牦牛产业链贷款产品担保方式为自然人连带保证担保，保证人至少为一个，申请50万元以上的贷款原则上要求保证人的牦牛数大于50头；申请10万元以下的贷款，申请人、保证人本地均无房产或牦牛数较低的，需有其他当地稳定性特征。

7. 还款频率

还款频率可以根据农业企业生产周期而不断修正。如成年牦牛的出栏屠宰期在一年中的10—12月，商业银行可以避开发情配种期与产犊生长期，适当延长还款月份。

8. 费用

是否有其他费用支出；交易成本（如评估、保险、合同公证、登记等）。适当考虑牦牛的生长周期及市场价格波动风险。

9. 忠诚度激励

忠诚度激励是对企业重复借贷的奖励刺激，如果企业多次使用贷款并按时还款，可采取提高贷款额度与降低费率等措施。

10. 违约处罚

逾期后的违约责任；提前还款的惩罚。

8.2 产业链票据融资

8.2.1 票据融资的内涵

票据融资，是指票据持有人在资金不足时，将商业票据直接转让或者通过租赁公司转让给银行，银行按票面金额扣除贴现利息后将余额支付给收款人的一项银行授信业务，是企业为加快资金周转促进商品交易而向银行提出的金融需求。票据一经贴现便归贴现银行所有，贴现银行到期可凭票直接向承兑银行收取票款。

在产业链票据融资中，上游的中小企业可将核心企业给它的赊账凭证转让给金融机构融资从而进行自身的运营。若到还款期限中小企业不能还款，则金融机构可凭应收账款向核心企业收款。那么对于金融机构来说，还款来源相当于从中小企业转为核心企业，即第一还款来源是核心企业，第二还款来源才是中小企业运营所获利润，这就大大降低了贷款风险。在这种模式下，因为核心企业到期必须付款，对它来说付给中小企业和付给金融机构并没有什么差别，但这一方式帮助中小企业解决了融资问题，提高了供应链资金统筹效率。

8.2.2　票据质押融资

票据质押融资操作流程如图 8－1 所示。

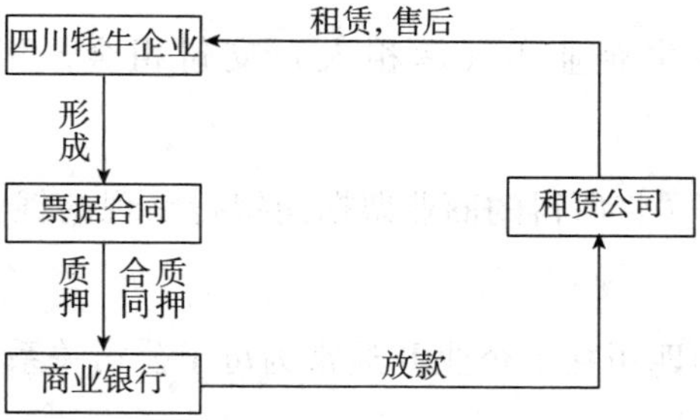

图 8－1　票据质押融资操作流程

第一，四川牦牛企业与银行签署《抵质押合同》，四川牦牛企业将其所有的票据质押给商业银行，形成票据集合。

第二，商业银行向租赁公司发放贷款；租赁公司扣除手续费后放款给四川牦牛企业。

第三，四川牦牛企业通过直接租赁或者售后回租相应的生产加工资料。

四川牦牛企业将其所有的票据向商业银行进行质押或抵押，从而形成票据池，无须逐笔审批。此等操作有利于降低承租人的贴现成本，并盘活票据资产。

8.2.3　票据贴现融资

票据贴现融资操作流程如图 8－2 所示。

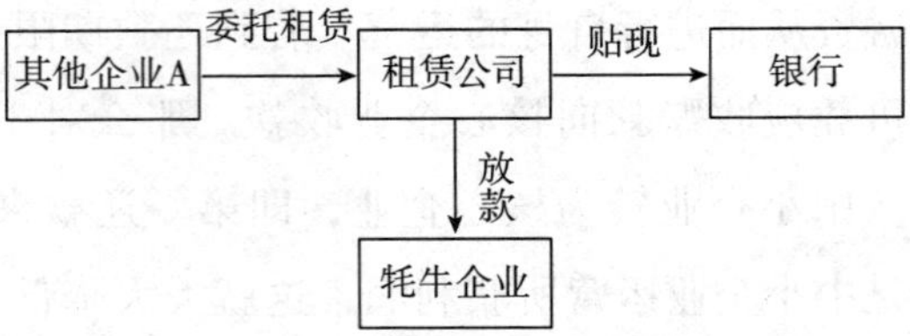

图8-2 票据贴现融资操作流程

第一，其他企业A（出资方）与租赁公司签订委托租赁合同，以支票或现金委托租赁公司发放贷款给四川牦牛企业B（承租人）。

第二，四川牦牛企业B（承租人）租赁资产（相应的生产加工资料），与融资租赁公司签署《融资租赁售后回租合同》并出售其约定商品给租赁公司后回租。

第三，四川牦牛企业B（承租人）支付租金，租赁公司向其开具发票。

第四，租赁公司将所得的商业票据向银行贴现的钱归还其他企业（资方）的委托租赁款。

其他企业A与四川牦牛企业B通常为母子公司关系。

8.3 担保产品

8.3.1 产业链担保产品的设计原则

担保，是指在借贷、买卖、货物运输、加工承揽等经济活动中，债权人为保障其债权实现，要求债务人向债权人提供担保的合同。

四川牦牛产业链担保模式即由该产业链中占主导地位的企业为上下游其他企业融资提供连带责任担保，由合作金融机构或地方政府实施放款，担保公司与其放款单位可在上下游企业出现违约情况下进行共同追偿。担保公司根据主导企业与产业链上下游企业的交易明细，筛选出优信客户，并向放款单位出具担保意向函。放款单位可借助担保公司进行贷前调查及贷后管理，担保公司需要承担实质性法律风险。若担保公司设计出的担保产品，能在一定程度上满足四川牦牛产业链中各个企业的融资需求，那么担保公司在向其提供金融服务的过程中占据主动地位。所以，四川牦牛企业担保产品的设计需要满足以下四个方面：

（1）明确市场目标，合理有效选择行业与领域

①研究担保业务的市场分布及品种结构；

②针对企业所处产业链上下游及其行业间的有机联系设计担保方向；

③分析企业主营业务盈利模式的波动规律，确定运营风险。

（2）针对特定客户精准定位，量身设计

①对目标客户资信情况及财务状况进行全方位深度了解；

②组合、设计、运用反担保措施；

③设计营销服务方案 。

（3）注重客户或项目的制约度和可复制性

①从现金流、物流、信息流的对应关系控制关键点；

②模式化版本设计与个性化应用；

③控制运营监管成本。

（4）特别注重风险的过程控制

①风险的同质同源与关联统一分析；

②建立担保业务信息管理系统；

③有针对性地预先设置监控措施；

④正确运用“风险对冲”机理，使担保业务的总体风险结构合理化。

8.3.2　担保产品设计与创新

1. “企业 + 订单 + 信用社”模式

该模式能够促进“养殖、收购、加工、销售”的牦牛产业链发展。由于广大养殖散户缺乏可抵押的实物资产，所以要采用担保与动产融资相结合的方式，解决他们的融资难题①。

在产业链中选择一家信用良好的四川省牦牛企业，信用社对该企业贷

① 张启文，吴闽曦．基于农业供应链金融模式的农村小额信贷抵押担保模式创新——以杜蒙县调研为例[J]．经济研究导刊，2015(8)：172 – 174.

款额度在500万元以内周转使用。该企业与多家养殖农户签下订单合同，信用社根据上述定购合同审核养殖户的信用资质，只要没有不良贷款的记录，凭订购合同，就可得到信用社颁发的授权5万～10万元、可周转使用的小额信用贷款证，通过适时获得贷款资金用于种畜培养、饲料供应和病害防治。这种产业链贷款模式，既解决了当地养殖户贷款担保抵押难的难题，又解决了四川省牦牛企业流动资金不足的问题（见图8－3）。

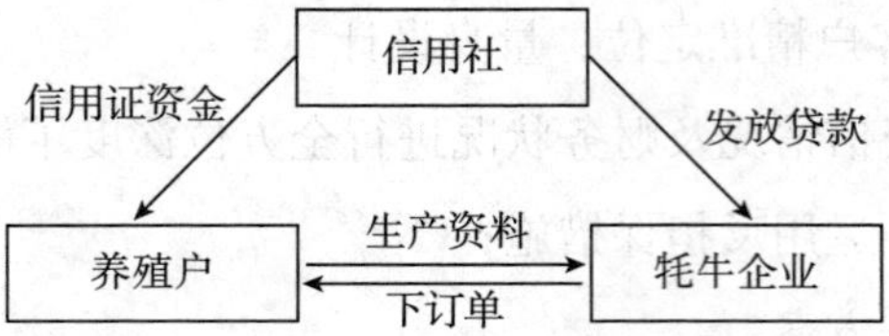

图8－3 “企业＋订单＋信用社”模式

2. “牦牛加工企业＋养殖户＋银行”模式

牦牛加工环节的成品属于实物资产，四川省牦牛企业可以将其未来的预期收益权作抵押向银行申请贷款。银行控制牦牛加工环节的成品提货权，过程中银行可指定仓库并委托物流公司进行监管。由于牦牛加工环节的成品性状较稳定，有可变现性，因此无须担保。

上述创新模式是在养殖户联保小组的基础上进行改善的。四川省商业银行与牦牛企业建立合作关系，将申请贷款的养殖农户组成担保小组，互相承担联保责任。因此，可形成“一条龙”式的服务，并为养殖户提供饲料、兽药、保底价收购。银行利用企业与养殖户稳定的购销关系为企业提供资金支持，在促进企业发展的同时，实现资金在产业链内循环，降低风险，实现共赢。

具体方案为：四川省牦牛加工企业在与当地养殖户合作基础上向银行提出贷款申请，牦牛加工企业以成品向评估机构申请价值评估、向物流企业申请仓库，银行收到评估机构的货物价值信息及物流企业的入库信息后，如符合要求则向加工商发放贷款，成品销售后，经销商所支付的货款直接转入银行账户抵扣加工企业的借款（见图8－4）。

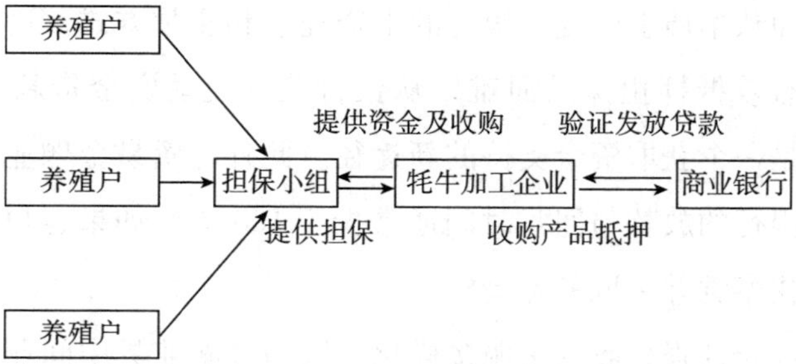

图 8-4　"牦牛加工企业+养殖户+银行"模式

8.4　贸易金融产品

8.4.1　贸易金融的内涵及特征

贸易金融是伴随着贸易发展而出现的，贸易金融的起源可以追溯到 13 世纪甚至最初的商品交换时期。它最初的业务仅是为各国贸易商的贸易活动提供汇兑和支付服务，之后逐步扩展到与贸易相关的资金融通、现金流管理等。

贸易金融作为银行公司金融中一个相对独立的业务体系，有以下几个突出特点：

一是服务对象特定。贸易金融服务于实体经济，是商业银行的基础性业务，本质是为商品和服务交易提供支付、结算、贷款、信用担保等服务，这些服务紧紧围绕"贸易"这一实体经济活动。正是基于这一特点，贸易金融的发展和创新不会像金融衍生品一样成为纯粹的虚拟金融业务，也不会因为过度的杠杆效应形成泡沫和危机。

二是债务自偿性，风险相对可控。所谓自偿性，就是银行根据企业真实贸易背景和上下游客户资信实力，以单笔或额度授信方式，提供银行短期金融产品和封闭贷款，以企业销售收入或贸易所产生的确定的未来现金流作为直接还款来源，而不是完全依赖授信到期阶段企业的综合现金流。贸易融资自偿性的关键点在于，银行依托对物流、资金流的控制，或者对有实力关联方的责任和信誉捆绑，在有效控制授信资金风险的前提下进行授信，从而从本质上改变了银行的审贷理念和贷款方式，这对于原先因为不能提供有效抵押担保品而难以从银行获得流动资金贷款的中小企业来说，无疑是一个获取资金支持的新途径。此外，贸易金融业务周期短、流动性强，银行的放款与回收时间通常少于180天，如果客户不能偿还，银行可以很快察觉并采取补救措施。

三是综合性强，收入来源多样化。贸易金融兼具中间业务与资产业务特点，既涉及表外业务又涉及表内业务。商业银行的贸易金融收益主要来自三方面：①贸易融资的直接收益，即利息净收入。②中间业务收益，包括手续费收入、汇兑收入等。③资金交易的佣金收入，进出口商为了避免汇率和利率波动的风险，可能要通过银行做一些保值性的外汇交易，如掉期、远期和期权等，银行从中获得资金交易的佣金收入。此外，还有其他隐性收益，银行可以以贸易金融业务为纽带与企业建立更密切的关系，向企业出售自己的专业技能和服务，从银行对企业的全方位服务中获得价值补偿。

四是贸易金融业务适合中小企业。贸易金融以特定交易为服务对象，可凭特定交易过程产生的应收账款或物权作为质押对企业授信，从而可以大大降低对客户的授信准入门槛，对于解决中小企业的融资瓶颈问题十分有效。另外，信用证、保函、保理等贸易金融产品因有银行信用介入，对中小企业有较强的信用增强作用，有助于中小企业提高谈判地位，充分利用赊销等方式扩大销售规模。

根据贸易金融的特征，大致可分为信用证与非信用证两大类，从而可以设计出如图8－5所示的产品。

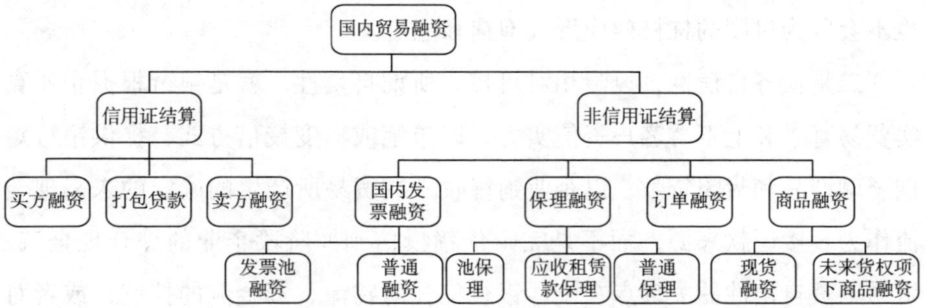

图8－5 贸易金融产品模式

8.4.2　贸易金融产品设计

贸易金融将形成未来我国商业银行的业务重点，改变和优化商业银行的战略规划方向，并主导银行业产品和服务创新的方向。进行贸易金融产品创新，可以满足产业链发展的融资需求。在未来，贸易金融业务发展应具有以下特征：

第一，贸易金融业务将与供应链结合更为紧密。近十多年来，国际产业分工模式由企业内部分工转变为企业间分工，围绕某一产业链核心对整个生产过程进行管理的实践——供应链管理逐步形成，这对银行围绕供应链管理提供金融服务提出了新的要求。银行借助核心企业信用，通过掌控核心企业与上下游企业交易中产生的现金流，为核心企业及上下游多个企业提供包括融资、避险、结算在内的全面服务方案。供应链金融最大的特色是突破了商业银行传统短期贷款对授信主体的评级要求和抵质押担保要求，变单个企业风险管理为供应链的风险管理，从单个授信企业的财务报表向整个供应链条延伸。在供应链金融中，银行可以基于核心企业资信状况，将资金注入处于相对弱势的上下游配套企业，通过产品与客户建立紧密联系，有效增加基础客户群特别是中小企业客户的数量，实现金融的普惠。

第二，贸易金融与信息技术结合日趋紧密。当前信用证、托收等传统结算工具的使用日趋下降。贸易双方对于银行的业务需求从以信用支持为主逐步转向以支付速度和效率为主，银行传统贸易融资的发展空间大幅缩小，银行必须依托电子化平台的建设，以挖掘赊销（Open Account，O/A）结算项下的贸易融资机会。目前业内贸易电子化平台的建设中最具竞争力和发展前景的当属环球银行金融电信协会（以下简称“SWIFT 组织”）开发的贸易服务设施系统（Trade Services Utility，TSU）。TSU 是一个通过集中化数据处理和工作流引擎支持银行间及时准确地核实和共享贸易项下交易信息的服务系统，为银行间提供了一个从贸易订单产生伊始就可跟进交流交易信息和开展业务合作的系统平台，它将对贸易金融的整体发展产生深远影响。

第三，贸易金融领域国际业务与国内业务不断融合。随着全球经济一体化程度的不断加深，越来越多企业的贸易活动既涉及国际市场又涉及国内市场，其供应链或贸易链是横跨境内和境外的整个链条。例如：国内企业获得出口订单后产生了在银行办理出口结算和押汇需求。而其在国内采购备货阶段又需要打包贷款或国内信用证产品，其上游供应商可能需要以其信用为基础申请卖方融资。从业务发展趋势看，真正有发展潜力的贸易金融是以客户为中心、为整个贸易链或产业链提供一揽子金融服务[①]。

针对四川牦牛产业链模式所设计的贸易产品如图 8－6 所示。

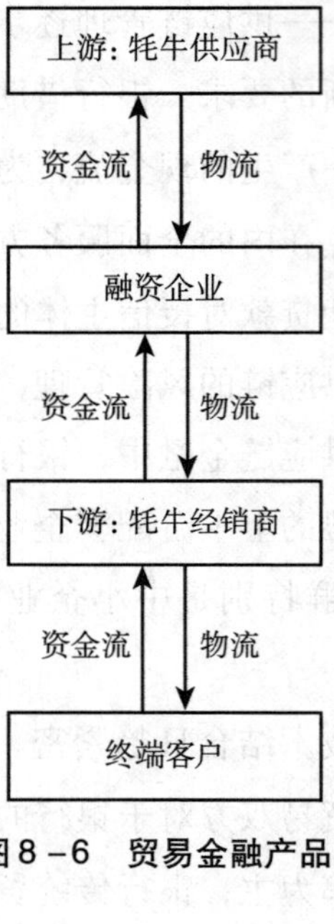

图8－6　贸易金融产品程序

8.5 保理产品

8.5.1 保理的内涵

保理全称保付代理，又称托收保付，卖方将其现在或将来的基于其与买方订立的货物销售或服务合同所产生的应收账款转让给保理商，由保理

① 陈四清．贸易金融的趋势与策略[J]．中国金融，2013(11)：45－60.

商向其提供资金融通、买方资信评估、销售账户管理、信用风险担保、账款催收等一系列的综合金融服务方式。它是商业贸易中以托收、赊账方式结算货款时，卖方为了强化应收账款管理、增强流动性而采用的一种委托第三者管理应收账款的做法。

8.5.2　四川牦牛企业保理产品的设计原则

保理产品不具有实物性质，本质上是为客户量身定做适合不同客户特点的整套金融服务方案。该方案不仅要满足客户的金融需求，还需要满足保理公司内部的风险管理、操作、合规、财务等方面的要求，是一项综合性、创造性的工作。如何在风险可控的前提下，设计出满足客户需求的保理产品，是整个产品设计过程中的核心。

四川牦牛企业保理产品的设计大致可以分为四个阶段：研究客户需求、分析市场风险、设计保理产品、论证相关设计。

1. 研究客户需求

假设：牦牛加工企业 A 是四川省一家以加工牦牛肉、牦牛骨、牦牛皮、牦牛绒和牦牛奶为主营业务的大型牦牛加工企业，该企业加工技术优良，机械化水平高，产品转化率较同行业居高，且配套服务完善。

牦牛养殖企业 B 是同省一家以牦牛繁殖与饲养为主的生产供应商，该企业培育的牦牛种畜品质优良，且建立了高效的繁殖技术体系，该企业养殖的成年牦牛体重、屠宰率、泌乳量、产毛量均高于同行业整体水平。

牦牛加工企业 A 是四川牦牛产业链中的核心产业，在贸易中占据主动地位。牦牛加工企业 A 拥有数家供应商，牦牛养殖企业 B 只是其中一家供应商。牦牛加工企业 A 对上游供应商供应的成年牦牛，在交货后 3 个月才予以支付货款，主要通过合作银行进行转账付款。

牦牛养殖企业 B 所提供的成年牦牛是买方 A 企业急需的，牦牛加工企业 A 希望能够获得牦牛养殖企业 B 更多的货源保证。且牦牛养殖企业 B 也希望能够及时回笼资金，扩大生产规模，拓宽销售途径，从而提升自身盈利水平。

2. 分析市场风险

牦牛加工企业A在四川省占有可观的市场份额，拥有专业的技术人才和运营团队，主营业务收入稳定增长，且自身资信情况良好，财务状况稳健。

牦牛养殖企业B具有一定的经营实力，养殖经验丰富，在当地享有较高的市场声誉，拥有广阔的发展前景。但该企业的大部分应收账款质押给了银行，传统融资渠道所剩无几，拓展新的融资渠道已成为企业发展的重中之重。

在此方案中，针对牦牛养殖企业B设计的保理产品，需重点考虑该产品可能存在的风险。例如：买方是否能够按期付款；是否存在应收账款重复融资；买卖双方是否存在虚假交易等。

虽然牦牛加工企业A资金实力雄厚，现金流稳定，还款风险较小，但仍然存在着诸多不可控制的市场风险及难以预测的潜在风险。所以，我们设计出的保理产品依旧具有一定的系统性风险。

3. 保理产品设计

一套完整的解决方案需要包括以下五点：

一是保理模式：包括买方、卖方、交易条件、交易商品、保理产品类型等。

二是操作流程：包括债权转让、通知买方、买方确权、征提交易文件、拨款时点、对账方式、回款方式、逾期催收流程等。

三是授信结构：包括保理预付款成数、保理预付款额度、承保额度、授信期限、单笔保理预付款期限等。

四是保理费用：包括利率、手续费率、逾期罚息等。

五是风险管理方案：包括揭示关键风险点、制定风险应对措施等。

结合此次买卖双方的需求，四川牦牛产业链担保模式应确定为针对卖方的应收账款保理业务，产品操作流程如下：

①牦牛加工企业A、牦牛养殖企业B、保理商三方签订《战略合作协议》，牦牛养殖企业B与保理商共同签订《国内有追索权明保理合同》，牦

牛加工企业 A 在《应收账款转让通知书》回函中加盖公章。

②牦牛加工企业 A 向牦牛养殖企业 B 支付购销合同中约定比例的预付款。

③牦牛养殖企业 B 收到预付款后，按照购销合同约定向牦牛加工企业 A 提供货物。

④每个月 10—15 日，买卖双方进行对账结算，对账单需加盖牦牛加工企业 A 和牦牛养殖企业 B 双方的财务章或公章。

⑤牦牛养殖企业 B 根据对账单开具发票，保理商受让卖方 B 企业对于买方 A 企业的应收账款，买卖双方将基础贸易资料寄至保理商，保理商拟定《应收账款转让（明细）通知书》并经牦牛养殖企业 B 确认发牦牛加工企业 A 盖章。

⑥保理商开立一个保理专户作为此次受让的应收账款指定的回款账户。

⑦保理商在收到齐全的基础贸易资料且保理专户开立后 3 个工作日内按照不高于受让的应收账款的 80% 的额度给牦牛养殖企业 B 发放保理款项。

⑧放款后保理商进行贷后管理，与牦牛养殖企业 B 及牦牛加工企业 A 进行定期或不定期的对账及贷后检查。

⑨在账面约定日期到期后，牦牛加工企业 A 将对应的货款支付到指定的保理专项账户中。

⑩牦牛加工企业 A 在账款到期后仍未付清货款，保理商给予半个月的宽限期。

⑪若宽限期过后，牦牛加工企业 A 仍未付清货款，保理商有权对牦牛加工企业 A 进行追索并要求牦牛养殖企业 B 回购。

4. 论证相关设计

针对四川牦牛产业链担保模式，我们还需进一步论证项目可行性。例如：保理产品设计中所拟定的授信结构、保理费用是否合理；保理产品是否符合客户的融资需求；风险系数是否处于可控范围；风险保障措施是否及时有效；操作流程是否规范；并在最后的工作中进行细节上的详细指导。

通过四川牦牛产业链担保模式，牦牛加工企业A、牦牛养殖企业B和保理商实现了三方共赢。牦牛加工企业A获得了更稳定的货源供应，进一步巩固了与牦牛养殖企业B的贸易关系；牦牛养殖企业B提前收到了货款，可将更充足的资金投入生产过程，从而提升自身盈利水平。

参考文献

[1]刘翊．农业小微主体融资担保风险评估思路与方法[J]．中国担保，2015(4):66-69.

[2]张启文,吴闻曦．基于农业供应链金融模式的农村小额信贷抵押担保模式创新——以杜蒙县调研为例[J]．经济研究导刊,2015(8):172-174.

[3]陈四清．贸易金融的趋势与策略[J]．中国金融,2013(11):45-60.

第9章　四川牦牛产业链金融可持续发展之路

9.1　产业链金融发展风险控制：嵌入信保基金

9.1.1　信保基金的概念

信保基金，即信用保证基金（Credit Guarantee Fund）是为解决中小企业融资问题而成立的。由于企业规模小、担保抵押品不足、信用记录缺失等，中小企业通常无法直接从金融机构获得资金融通。信保基金的设立可以通过提供信用保证以协助具有发展潜力但抵押品不足的中小企业，获得企业发展所需资金，并承诺当借款人违约时支付全部或部分贷款给贷款人。实质上，它通过提供另一种形式的抵押品①，与商业银行共同分担信用风险，从而帮助中小企业获得贷款②。信保基金在外文文献中也可表述为：信用保证计划（Credit Guarantee Schemes）、部分信用保证（Partial Credit Guarantee）或贷款保证（Loan Guarantee）等。而在国内，上文中的"guarantee"通常被翻译为"担保"，如担保基金、信用担保体系、担保机构等。这是由于中西方固定用语搭配所导致的，本质上并无区别，故本书不再详细区分"保证"与"担保"。

① Deelen L, Molenaar K. Guarantee Funds for Small Enterprises [J]. International Labor Organization, 2004,17(3):9 -40.

② Bastiaenen M, Van Rooij P. Guarantee Funds and NGOs: Promise and Pitfalls: A Review of the Key Issues [J]. International Labor Organization, 1997,15(7): 21 -38.

信保基金的参与主体至少包括三部分：借款人（通常缺少足够的抵押品）、贷款人（通常是商业银行等金融机构）及信用保证机构。其运作的基本流程如图9－1所示。

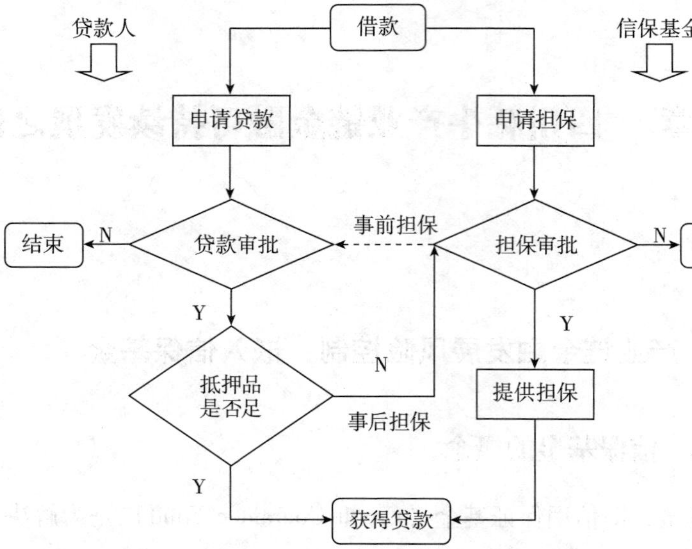

图9－1 信保基金运作流程

资料来源：整理自 Mikael Jonsson（2009）。

9.1.2 信保基金的产生背景

中小企业是一国经济保持长期活力的主要源泉，但无论是在发达国家还是发展中国家，中小企业都面临着融资难、融资贵问题。在我国，由于资本市场的发展尚不健全，这一世界性难题就显得格外突出，融资约束、信贷配给已经成为制约我国中小企业发展的主要瓶颈[①]。综观国内外相关文献，多数学者从微观视角出发，把中小企业融资难归结于企业规模小、盈利水平较低、抵押担保品不足、信用记录缺失、财务机制不健全等所造成的交易成本高、违约成本低，因而商业银行不愿贷款给中小企业[②]；也

① 张捷，王霄．银行信贷配给与中小企业贷款［J］．经济研究，2003(7)：68－92.

② Camino D, Cardone C. The Valuation and Cost of Credit Insurance Schemes for SMEs: The Role of the Loan Guarantee Associations［J］. International Small Business Journal, 1999, 17(4)：13－31.

有学者从宏观层面上分析中小企业融资难的困境，认为提高信贷市场效率，采用适当的货币政策也是解决融资难问题的途径之一①。本节将从信息不对称和交易成本的角度来探讨商业银行对中小企业实施信贷配给的原因。

1. 信息不对称（asymmetric information）

信息不对称是中小企业融资难的最主要原因之一。在完全信息的情况下，银行可以根据各个企业的风险差异而提供差异化的贷款利率和担保费用。然而在现实中，由于金融市场存在着借方和贷方的信息不对称，金融机构通常无法完全将不同贷款机会的风险高低区分开来，从而导致金融资源的不公平分配。

20 世纪 80 年代以来，信息不对称理论被引入融资结构理论的研究中，为研究企业融资提供了新的理论框架，其中最具影响力的是 Stiglits 和 Weiss（1981）发表的“*Credit Rationing in Markets with Imperfect Information*”（非完全市场的信贷配给）②。他们认为信贷市场上的信息不完全或信贷双方的信息不对称会导致两种信息效应，使商业银行的贷款利率影响其贷款组合的风险③，从而不会出现同时有利于借款人和贷款人的可行利率。

其中一个效应是逆向选择（adverse selection）。相对于银行向大企业提供贷款所依赖的“硬信息”，银行对中小企业的贷款决策往往只能依赖于企业家的个人品质和经营能力等难以传递的“软信息”④。但是，对我国大多数中小企业，特别是那些初创企业来说，其特征是管理体制不规范、财务会计制度不健全以及经营信息缺乏透明度。为了获得贷款，中小企业更倾向于提供有利于获得贷款的信息，而隐瞒不利于获得贷款的信息，从而

---

① Berger A N, Udell G F. A More Complete Conceptual Framework for SME Finance[J]. Journal of Banking and Finance,2006,30(11):2945 – 2966.

② Stiglitz J E, Weiss A. Credit Rationing in Markets with Imperfect Information [J]. The American Economic Review, 1981,71(3): 393 – 410.

③ Craig B R, Jackson W E, Thomson J B. Are SBA Loan Guarantees Desirable? [J]. Federal Reserve Bank of Cleveland, 2004,25(5):1 – 4.

④ “硬信息”指企业财务报表等客观的,易于观察、传递和验证的信息;“软信息”指关于企业家的经营能力、个人品质、企业所在的市场环境等因素的信息。

增加了银行贷款的潜在风险。因此，银行必然要求以较高的利率来抵抗潜在的违约风险。这导致了那些原本风险低的企业认为贷款成本过高而逐渐退出信贷市场。最终，风险低的企业全部退出，借款人市场剩下高风险借款人，形成逆向选择，这就是典型的信贷市场“劣币驱逐良币”现象。银行出于对风险控制的考虑，选择少贷或不贷款给中小企业。实证研究表明，逆向选择是真实存在的，并且贷款利率与违约风险之间呈正相关关系，即贷款利率越高，违约率也越高①。

另一个效应是道德风险（moral hazard）。即使少数企业获得银行贷款，高利率的信贷合约或利率小幅度地上升都将增加企业的贷款成本，降低企业的预期投资收益。因此借款企业更倾向于实施高风险的项目，获得高回报率，这就产生了道德风险。即使银行通过设计一个激励合约来约束借款者的行为，但由于中小企业往往资信度不高、信用观念淡薄、法律意识缺乏且声誉成本极低，仍有一些企业会采取道德风险行为。道德风险的存在同样增加了银行的潜在风险，故银行选择提高贷款利率或拒绝发放贷款。

由于信息不对称所造成的逆向选择和道德风险，贷款人对利益与风险的权衡将会导致信贷配给。这样，即使很多企业愿意支付较高的利息也会因为信息不对称而无法获取贷款。

2. 交易成本（transaction costs）

科斯（1937）在其发表的“*The Nature of the Firm*”（企业的本质）一文中，创造了“交易成本”这一范畴，用以解释因为使用市场机制有费用，尤其是厘定市价的费用，出现公司替代市场。根据科斯提出的交易成本理论，交易成本是指为达成一笔交易所耗费的各种资源，包括信息搜寻成本、协商与决策成本、契约成本、监督与执行成本等。更广泛的意义，交易成本还可以理解为整个经济制度的运行成本（阿罗，1969）。中小企业融资其实质也是一种市场交易活动，因此也可以从交易成本的角度来分

① Green A. Credit Guarantee Schemes for Small Enterprises: An Effective Instrument to Promote Private Sector - Led Growth? [J]. UNIDO, Program Development and Technical Cooperation Division, 2003, 15(6):8 -81.

析中小企业融资难问题。

中小企业固有的生产规模小、信用记录缺失、财务机制不健全及经营信息缺乏透明度等特征，通常会增加商业银行发放贷款的预期成本。一方面，信用评估和风险评估更难，更耗时耗力。因为贷款业务具有规模经济特征，商业银行发放的单笔贷款金额越大，单位资金的放贷成本越低。中小企业单笔贷款金额小，导致银行发放中小企业贷款单位成本很高。另一方面，财务机制不健全、信用缺失等也导致中小企业贷款风险高，一旦发生违约时处理抵押品的成本也较高。这种交易成本一般是由借贷双方共同承担的。银行承担的交易成本主要体现为信息搜寻成本、信息审核成本及监督执行成本等，而中小企业承担的交易成本直接表现为借贷成本的增加，往往通过高贷款利率来体现（银行通常会提高利率来覆盖自己面临的高风险）。在这种情况下，一方面商业银行不愿贷款给中小企业，另一方面中小企业也不愿意向银行借款。

根据科斯对交易成本的定义，信息不对称理论与交易成本理论在本质上是相同的。由信息不对称所产生的逆向选择和道德风险，分别通过在交易之前和交易之后影响市场参与者的决策，从而增加了信贷市场上的交易成本。

9.1.3 信保基金的功能

解决中小企业融资难问题，关键在于解决信用担保问题。信用担保体系可以部分缓解中小企业由于生产规模小、抵押担保品不足、信息缺乏透明度等原因造成的融资难融资贵问题，其中就包括设立新的信用保证基金。

信保基金通过共同担保和再担保的安排，改进中小企业信用担保体系和担保方式，对风险和资金的配置进行了优化，有效地转移了信息不对称所产生的潜在风险，并降低了融资过程中的交易成本。

一般认为，信保基金具有以下几种功能优势。

（1）修正信贷配给

Stiglits 和 Weiss（1981）从理论上证明了信息不对称会造成逆向选择

和道德风险，从而形成信贷配给，而通过成立信用保证基金可以修正信贷配给。一般认为，企业的信用包括企业自身信用和担保机构授信两个部分。由于信保基金的信誉度高、专业性强，一方面增强了金融机构的贷款意愿，另一方面提高了被担保的中小企业的信心。Honohan（2010）则将信保基金的优势概括为三点：第一，信用保证机构专业性更强，能够凭借其信息优势克服市场信息不对称问题。研究表明，如果商业银行面临信息不对称的风险，那么部分信用保证就是最优选择①。第二，信用保证机构业务针对性较强，具有专业化搜集与处理信息的能力，故能以更低的成本掌握更加充分的信息。第三，如果担保机构与贷款机构受制于不同的监管要求，信保基金还可以开展监管套利。②

当然，也有学者认为信贷配给约束的存在是值得质疑的，甚至直接否定了在新建中小企业中存在信贷配给这一观点。③ 但有关关系型借贷方面的研究表明，中小企业面临的信贷约束及相关的信息条件是客观存在的。④

（2）良好的抵押物替代品

抵押担保品不足是中小企业遭遇银行惜贷的主要原因之一。充足的抵押品不仅可以降低银行贷款所面临的潜在风险，还可以作为借款人还款能力的象征，显示借款人的还款意愿与项目的质量。⑤ 本质上，抵押品作为一种筛选工具，其使用降低了信贷过程中的不确定性因素，从而降低了交易成本。而信保基金提供的正是一种抵押物的替代品，并对银行贷款进行部分担保。担保的存在可以补偿一些外部因素，比如由于法律体系不完善或效率低下所导致的抵押品执行的拖延、安全抵押品的缺失及社会和政策

---

① Doepke M, Townsend R M. Credit Guarantees, Moral Hazard, and the Optimality of Public Reserves [J]. Unpublished Manuscript, UCLA and University of Chicago, 2001,6(5):1-80.

② Honohan P. Partial Credit Guarantees: Principles and Practice [J]. Journal of Financial Stability, 2010,6(1):1-9.

③ Cressy R. Commitment Lending under Asymmetric Information: Theory and Tests on UK Start-Up date [J]. Small Business Economics, 1996,8(5):397-408.

④ Petersen M A, Rajan R G. The Benefits of Firm-Creditor Relationships: Evidence from Small Business Data [J]. Journal of Finance,1994,49(1):3-37.

⑤ De Alwis S, Basnayake B M R. Credit Guarantee Schemes in Sri Lanka-Way Forward [J]. Journal for SME Development, 2009,14(7):51-82.

压力，这使得信用保证比其他抵押品更优越。

（3）反周期政策工具

有研究表明，当宏观经济环境恶化时，即使有的中小企业能够提供足够的抵押担保品，仍会受到金融市场上信息不对称的影响而无法获取企业发展所需资金①。在这种情况下，信保基金通常作为一种反经济周期政策工具而被广泛应用：美国②、日本③、韩国④的实践表明，信保基金在宏观经济波动，尤其是在经济放缓与经济政策紧缩时期，有着更加积极的表现，能够帮助中小企业走出困境。

除以上几点之外，信保基金还是一种市场友好型工具，因为与其他政策工具相比，它更多地受制于市场经济规则而非行政命令。⑤ 相关研究表明，信保基金要优于其他形式的支持政策，如信贷补贴和直接贷款，而且与一次性补贴相比，信保基金能够产生杠杆从而让资金更有价值。

9.1.4　产业链中的信用保证⑥⑦⑧

产业链的思想可以追溯到现代经济学鼻祖亚当·斯密的劳动分工理论。1776 年 3 月，亚当·斯密在《国富论》中第一次提出了劳动分工的观点，并系统全面地阐述了劳动分工对提高劳动生产率和增进国民财富的巨大作用，但其分析主要局限于企业内部劳动分工；19 世纪末，英国经济学

---

① Cowling M. The Role of Loan Guarantee Schemes in Alleviating Credit Rationing in UK [J]. Journal of Financial Stability, 2007, 6(1): 36 – 41.

② Hancock D, Peek J. Wilcox J A. The Repercussions on Small Banks, Small Businesses of Procyclical Bank Capital and Countercyclical Loan Guarantees [J]. AFA 2008 New Orleans Meetings Paper, 2007: 1 – 30.

③ Uesugi I. Efficiency of Credit Allocation and Effectiveness of Government Credit Guarantees: Evidence from Japanese Small Businesses [R]. Bank of Japan, 2008: 1 – 21.

④ Kang D. Corporate Distress and Restructuring Policy of Korean Small and Medium Sized Enterprises: Role of Credit Guarantee Scheme [C]. Proceeding of the 2005 KDI – KAEA Conference, Korea Development Institute, 2005: 15.

⑤ Singh A. Openness and the Market Friendly Approach to Development: Learning the Right Lessons from Development Experience [J]. World Development, 1994, 22(12): 1811 – 1823.

⑥ 方俭．产业链金融研究评述[J]．企业改革与管理, 2017(13): 111 – 112.

⑦ 詹子友．产业链金融理论探析[J]．西部金融, 2017(4): 16 – 20.

⑧ 张箐．商业银行产业链金融发展策略探析[J]．中国流通经济, 2014(1): 110 – 116.

家马歇尔通过对英国一些传统工业的企业集群现象的考察，创新性地提出了“产业区”的概念和理论；1985年，哈佛大学商学院教授迈克尔·波特（Michael E. Porter）在《竞争优势》一书中第一次提出了价值链（value chain）的概念。他指出：“每一个企业都是在设计、生产、销售、发送和辅助其产品的过程中进行种种活动的集合体。所有这些活动可以用一个价值链来表明。”这里是指一个企业内部的价值链。随后在《国家竞争优势》中，将企业价值链的概念进一步扩大为“产业集群”的概念，用来描述不同企业之间通过分工合作而实现价值增值的链条。

产业链包含价值链、企业链、供需链和空间链四个维度。目前国外研究多涉及价值链、供应链等领域，更多地侧重于产业中企业的供应链研究。其中，Berger（2004）最早提出将供应链金融思想应用于中小企业融资当中，通过把核心企业与供应链上的中小企业实行信用捆绑，能够部分解决供应链上下游中小企业所面临的融资困境。国内研究者将供应链金融的概念进行了拓展延伸，于是出现了产业链金融的概念。

目前国内关于产业链金融定义的阐述并不统一，下面从结构和功能方面给出两个被普遍接受的含义：从结构上看，产业链金融是由政府、商业银行、产业核心企业等通过协调合作所组成的，旨在解决产业链中的中小企业融资难、融资贵问题，推动相关产业结构转型升级，实现产业可持续发展，保持经济活力的一个开放系统；从功能上看，产业链金融是金融机构以产业链上的核心企业为依托，设计个性化、标准化的金融服务产品，为产业链上的所有企业尤其是中小企业提供融资解决方案的一种服务模式。

产业链金融源于供应链金融，与供应链金融相比，其优势在于扩大了融资覆盖范围，但产业链金融也有其缺点：产业链核心企业出于对风险因素的考量，往往并不愿意对上下游中小企业提供担保，或者即使愿意其担保数额也很少。与此同时，金融机构由于信息不对称而紧缩银根，再加上政府的缺位，使得中小企业融资难、融资贵的问题依然存在，产业转型升级面临阻碍。

为弥补产业链金融在解决中小企业融资问题上的不足，可以在原有产业链的基础上引入信保基金：借助信保基金的管理运行机制及功能优势，建立起政府、担保机构和商业银行的风险共担机制，通过维持信保基金的持续健康运行，来提高整个产业链上中小企业的融资成功率。

9.1.5　产业链金融模式的信保基金 ①②

基于信保基金的运行机制及原理，构建“M+1+N”形式的信保基金（见图 9-2）：在“M+1+N”的产业链中，由政府、核心企业和金融机构（通常是商业银行）分别按照特定出资比例出资构建信用保证基金，为产业链上下游具有发展前景且存在融资需求的中小企业提供担保资金。信保基金的资助对象主要是地区产业链中的主导产业、特色产业以及其他有发展前景的中小企业。同时，可依据中小企业不同发展阶段的资金需求将信保基金（母基金）分成若干个不同项目的子基金，有针对性地解决中小企业发展过程中的融资难问题，增加创业成功率。

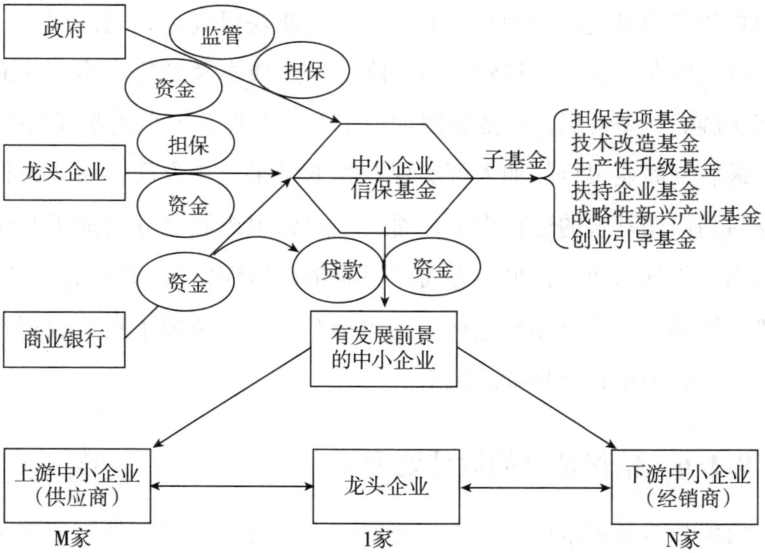

图 9-2　嵌入信保基金的产业链金融（“M+1+N”形式）

资料来源：杨尧均，章和杰．嵌入信保基金的产业链金融模式设计与实证研究——以县级城市为例［J］．金融理论与实践，2017（5）：67-72.

① 陈通明．长三角产业链金融研究——基于经济转型升级视角［D］．杭州：浙江工业大学，2015.

② 张平．产业链金融中信用保证基金的公司治理结构研究——长三角案例［D］．杭州：浙江工业大学，2016.

政府、龙头企业和商业银行共同构成了信保基金的三大主体，三者相互协调合作维持信保基金的稳定运行，每个主体都发挥了重要作用并都有其参与的必要性。

首先，政府不仅需要出资构建信保基金，而且还要肩负起担保监管的职责，对市场起到示范和警示作用。政府的参与有其必要性，一方面，现阶段的市场机制还不够完善，为防止市场可能会出现的协调不均衡及垄断不公平问题，需要政府制定相关产业政策，规范市场秩序。同时，通过加入政府信用，可以有效地解决银行担保贷款业务中的信息不对称问题，从而提高企业融资成功率。另一方面，政府部门自身存在绩效指标，如促进就业，发展地区经济，实行国家相关产业政策等，因此政府的直接参与更有利于地方产业的发展，达到促进经济增长的目的。

其次，龙头企业是产业链金融的关键一环。作为参与方，龙头企业在分担贷款违约风险，帮助其上下游中小企业获得资金融通的同时，能进一步了解其所在产业链的经营环境，降低生产成本及销售成本，从而推动整个产业链的转型升级、产业链附加值上升，实现大中小企业多赢的局面。

最后，商业银行的加入可实现双赢的结果。一方面，商业银行通过出资参与到信保基金的运行中来，通过风险分担机制充分发挥了其作为金融机构提供贷款的使命；另一方面，商业银行借助信保基金和产业链金融的优势，能够挖掘出更多当地优质的中小企业，既拓展了商业银行业务，又降低了发放中小企业贷款的风险。

9.1.6 信保基金的设计要素[①②]

信保基金的基本设计要素主要有资金来源、申请条件、覆盖率、理赔规则、运行机制等。大量研究表明，如果设计不合理，信保基金无法充分发挥其优势而且成本很高。因此，在设立产业链金融中的信保基金前，有

① 郁嘉禾．产业链金融中信用保证基金的设计研究——杭州案例[D]．杭州：浙江工业大学，2015.

② 杨尧均，章和杰．嵌入信保基金的产业链金融模式设计与实证研究——以县级城市为例[J]．金融理论与实践，2017(5)：67－72.

必要对其进行事前评估，力求设计的合理性与完整性。

1. 资金来源

政府资金是信用保证基金最主要也是最重要的资金来源。借鉴中国台湾地区成功运行的“火金姑专案”使用的相对保证方式，拟建立的信用保证基金应当是由四川省政府或地方政府、牦牛产业链上的核心企业以及当地的符合资质的商业银行共同出资设立的，同时可享受地方政策优惠。为了使基金能够稳定持久运行，基金的管理方需要在资金支出和资金来源两个方面保持平衡，实现财务的可持续性。资金支出意味着基金内部资金的减少，为维持基金的正常运作，政府部门、核心企业和商业部门应对信保基金进行持续稳定的再融资，并可向被担保的中小企业收取一定的担保费用（通常为担保余额的 1% ~2.5%）。

2. 申请条件

信保基金的资助对象主要是四川省牦牛产业链中具有发展前景的中小企业。对于拟建立的信保基金来说，企业需满足以下申请条件：①处于牦牛产业链核心企业的产业链中；②除企业自身真实透明的申请材料外，需得到与之有业务往来的核心企业的推荐；③已通过商业银行贷款的审核，但因缺少足够的担保抵押品而无法获得足额的贷款支持。满足以上条件的中小企业即可获得信保基金的贷款担保。

3. 覆盖率

覆盖率也被称为风险分担比率，是指信保基金对企业贷款的担保比率。覆盖率是最小化风险的重要工具之一。合适的覆盖率不仅要为有效贷款的发放与监控提供激励，而且要为违约风险提供足够的保障。除个别国家（如加拿大、日本等）覆盖率达到 100% 外，部分具有先进信用保证体系的国家（如美国、韩国等）及中国台湾地区的覆盖率一般在 40% ~90%，以应对基金可能遭受的信贷风险。拟建立的信保基金可以参考各国信保基金通过不断实践而得到的经验值，设定自己的覆盖率值。在实践过程中，可以借鉴智利信保基金所使用的一种竞标程序，即商业银行通过竞标的方式，在自己愿意接受的覆盖率水平上进行担保贷款。由于费用水平固定，此方法可以用来检验信保基金的覆盖率是否对市场上的贷款人有足够的吸引力。另外，随着国家担保政策、地方产业发展政策以及中小企业信用等条件的变化，信保基金应当及时、适度地调整覆盖比率，维持基金的稳定运行。

4. 理赔规则

当被担保的企业发生违约时，信保基金不实行全额担保，假定覆盖率为75%，则商业银行和核心企业分别承担15%和10%的贷款损失。在风险分担机制的作用下，商业银行有动力对贷款中小企业的财务和经营状况进行持续的监督和审查，并在贷款发生代偿时负责追回违约贷款；核心企业为避免风险损失，会不断完善企业推选机制，只有经营状况良好、信誉度高且具有与之业务往来密切的上下游企业才能获得担保。信保基金的不良贷款率应维持在1%以下，并且对于提供虚假信息、故意隐瞒真实经营与财务状况且造成恶劣影响的贷款企业，信保基金有权实行强制退出机制或将其列入基金贷款黑名单。

具体的理赔规则在实施的过程中因各个国家司法系统的效率而异。由于司法系统完善且效率高，美国、加拿大、法国等发达国家通常在司法程序结束后进行赔付；而在司法系统不那么高效的发展中国家，往往采取以下两种赔付方式：①商业银行提请法律诉讼后进行一次性赔付；②证实违约后先进行部分赔付，等司法程序结束后再支付剩余赔款。采用这两种做法，一方面，减少了商业银行获得贷款补偿的时间（也是成本），从而增加了信保基金对贷款人的吸引力。另一方面，必要的法律流程为信保基金在贷款违约和进行代偿之间提供了一个缓冲期（尤其当覆盖率较高时），加强了信保基金运行的稳定性。作为处在发展中国家的四川省，拟建立的信保基金应当选择分部赔付的方式，即在违约被证实时先部分赔付，其余款项应在司法程序结束后全部赔付。

5. 运行机制

信保基金提供信用保证的方式可以分为三个阶段：①初创期。信保基金在成立初期采用逐笔审核的方式，对每一笔贷款申请进行逐一评估与审批。通过审核的贷款担保原则上必须满足基金财务的可持续性。逐笔审核的优点在于在基金成立初期有效地克服了银行与企业之间的信息不对称问题。信保基金可将逐笔审核过程中收集到的企业信息共享给予基金合作的商业银行，为银行与企业之间的直接合作打下良好的基础，并为基金运作的第二阶段做好准备。其缺点在于时间与交易成本较高，效率偏低。②过渡期。在过渡阶段，信保基金为与其合作的每一个商业银行分配一个担保额度，授权这些商业银行在一定限额内可以无须征求信保基金的意见而直接向合格的中小企业提供担保。然而，一旦超过该限额就必须采取逐笔审核的方式。相比较而言，过渡阶段采取的这种组合型担保方式降低了基金的时间与交易成本，基金的运作效率明显提升。③成熟期。信保基金成熟后允许与其合作的商业银行直接向合格的中小企业发放贷款，信保基金则更多地履行监督职责。该方式虽然大大降低了基金的运营成本，但贷款风险相对前两种方式而言也较高。目前，大多数国家的信保基金采取逐笔审核的方式提供贷款担保。

鉴于我国目前中小企业的发展现状，以及信保基金的设立与运作缺乏经验，建议拟建立的信保基金采取第一种逐笔审核的方式，并在日后的发展中随着经验的积累逐步过渡到后两种方式。最后，由政府相关部门、商业银行和核心企业三方进行研究讨论确定获得贷款担保的中小企业数量和贷款额度，公示相关信息并落实工作。

6. 能力建设

商业银行作为信保基金的重要参与者之一通常需要满足一定的条件，如地理位置优越；员工职业化；服务质量好、效率高；业务种类丰富；信息交流通畅等。在实践过程中，拟建立的信保基金可与四川当地符合条件的多家商业银行及政策性银行建立合作关系，一方面，提高了参与银行之间的竞争程度，使之积极地参与到信保基金的运作中来；另一方面，多元化的合作关系分散了基金运作过程中可能遭受到的风险。

事实上，除了商业银行方面外，信保基金还应当尝试与优质的会计师事务所、律师事务所、信用评级机构、信息咨询公司及其他地区的信保基金进行交流与合作，积极地利用好四川省内优秀的高校及专业院校的人才资源，并对受担保的企业提供必要的技术支持和相关业务培训。同时，为了提高信保基金的服务质量，扩大其影响力，拟建立的信保基金可以联合当地政府和高校定期举办一些主题演讲、报告会及研讨会等，为社会各界人士，如企业家、创业者、学者和投资人等提供一个学习交流的平台。

7. 定期报告

在实施过程中，为了解信保基金发挥了多大的作用，需要对信保基金的效果进行评估，通常用于评估的指标有三个，即服务范围、资金增益性和财务可持续性。定期出具系统性的评估报告对于维持信保基金有效性十分重要：一方面，公开透明的信息有利于社会监督力量的参与，确保基金能够及时发现问题，提高服务质量；另一方面，良好的经营状况有利于信保基金再融资，并对社会资本产生吸引力。因此，拟建立的信保基金应当定期进行一次系统性评估并出具相关规范报告，报告的内容可参照发达国家性质相似的担保融资机构进行设计。

为方便各界人士和企业机构能够及时查看到最新政策和相关信息，拟建立的信保基金应当建立一个专门的门户网站作为自己的信息发布平台，提供业务介绍、办事流程、相关政策、信息公示与资料下载、在线问答及信息反馈等信息和路径。此外，还可申请开通微信官方公众号，作为信保基金运作过程中的信息传播途径，大大降低其社会成本。

9.1.7 小结

在本节中，我们首先依次介绍了信用保证基金的基本概念、产生背景及功能优势；其次，为弥补传统产业链金融在解决中小企业融资问题上的不足，在原有产业链金融的基础上引入信保基金；最后，提出嵌入信保基金的产业链金融模式（“M+1+N”形式），并针对拟建立的信保基金的主要元素进行了设计。

信用保证基金设立的目标有宏观和微观两个层面。从宏观层面讲，其目标服务于国家政策的最终目标，如增加社会福利、创造与维持就业、减少贫困等；从微观角度看，信保基金的设立是为了帮助有发展前景的中小企业（尤其是缺少足够抵押品的中小企业）解决融资难、融资贵问题。从这两个层面可以看到，营利性并不是信保基金设立的主要目的。本节提出为参与四川牦牛产业链金融的中小企业设立信保基金，其目的是通过政府、产业链核心企业以及金融机构的共同努力，使产业链当中具有发展潜力但缺乏资金的中小企业获得资金融通，从根本上解决产业链在拓展和延伸的过程中遇到的资金障碍，促进产业链可持续发展；同时，落实政府扶持产业发展政策，鼓励企业投入创新研发，从而提高产品附加价值，推动产业升级。

9.2　产业链金融闭环新模式

伴随着物联网、人工智能、大数据、云计算等新一代信息通信技术的发展，加之移动互联网成本降低，传统产业与互联网进一步融合发展，催生了很多新产品、新业务、新模式。互联网与传统产业的全面融合和深度应用，消除各环节的信息不对称，在设计、生产、流通、销售等各个环节进行数字化和网络化渗透，形成新的管理和服务模式，在推进供给侧结构性改革、实现产业转型升级等方面发挥的作用日渐凸显。借鉴“互联网+农业”的发展思路，通过关键技术的突破和产业化，推进四川牦牛产业链金融上下游相关单位、核心企业及其他参与单位（如政府、信保基金、物流公司等）联合开展“牦牛产业链+互联网”试点示范，有望开拓新的价值空间，使得生产要素及资源得到更加优化的配置，进而推动牦牛产业链金融转型升级与可持续发展。

如图9-2所示，在“M+1+N”形式的产业链金融模式基础上，依托一个综合性一体化互联网服务平台，扩大服务范围和影响力，打造一个“三流合一”的线上牦牛产业链金融闭环生态系统（包括电子商务、移动物流、在线支付与金融服务等模块）。利用互联网加强企业内部、企业之间及产业链各环节之间的协同化、网络化发展，全力构建全产业链产品服务体系，形成一个完善的“牦牛互联网生态圈”，实现信息的汇集和共享，融通整个产业链的物流、信息流和资金流。

9.2.1　一个平台

产业链金融服务平台是综合性互联网服务平台，来自整个产业链的物流、信息流、资金流数据存储在云端，面向全产业链的机构和企业实现共享。各参与机构或企业根据业务功能需要和风险控制要求随时对需要的数据进行调取与分析，降低了决策成本。同时，信保基金和商业银行所提供的特色金融产品在平台统一界面予以展示，产业链中符合要求的中小企业通过线上操作即可完成贷款融资所需的大部分步骤。需要注意的是，由于产业链运作的各种信息同步在云端，因此对互联网平台的安全性和稳定性提出了较高的要求。

9.2.2　三个阶段

产业链金融业务发展应分为三个阶段：线下阶段、“线下+线上”过渡阶段及线上阶段。线下阶段，指信保基金和商业银行依靠各自的特点和优势开展线下业务，推出具有针对性的特色金融产品，探索和完善新的业务模式，着力帮助急需资金的中小企业解决资金问题。同时，借助新兴互联网技术，积极研究探索线下业务向线上业务转化的可行性和实施条件，为线上业务做准备。“线下+线上”过渡阶段，指信保基金、商业银行和政府针对开展线下业务过程中所累积的经验和教训，不断完善线上操作项目和流程，实现客户信息采集的线上化、业务申请和办理的线上化、订单和账款确认的线上化等。线上阶段，即“三流合一”平台阶段（见图9-3），这一阶段，一方面，要解决前两个阶段所遇到的限制性问题；另一方面，第三阶段更加强调整体部署、协同运作，致力于建设一个综合性一体化互联网服务平台，全流程线上化产业链产品服务体系，实现信息在云端的汇集和共享，融通整个产业链的物流、信息流和资金流。

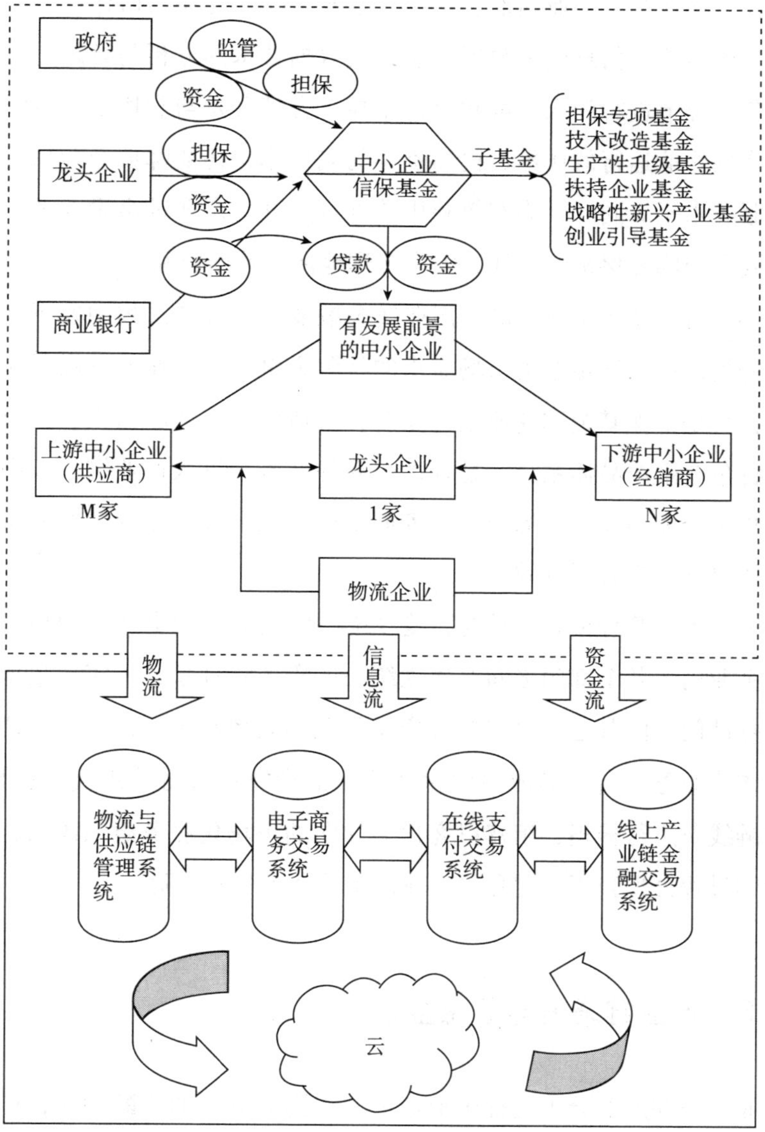

图 9－3　“三流合一”的线上产业链金融闭环新模式

9.2.3　三大基础

开展线上产业链金融业务还需要实现三大基础：开发数据资产、打造特色金融产品、创新管理模式。

第一，开发数据资产。随着互联网技术的发展，经济社会进入一个大数据时代。产业链上企业内部、企业与企业之间的交易与协作产生了大量的物流、资金流、信息流等数据，通过大数据技术的分析与处理，能够对产业链各个环节进行深入了解和全面掌控。合理开发与利用数据资产，不仅能够降低企业运行的成本，提高资源的利用率，还能降低企业风险，提升业务服务水平。同时，为有效利用数据资产开展产业链金融业务，务必以数据安全与隐私保护为红线，安全合理地使用数据资源。

第二，打造特色金融产品。产业链金融业务在开展过程中要不断丰富其产品种类，推出满足融资市场需求的特色金融产品。业务发展需注重以下三点：一是信保基金和商业银行联合，打造以融资产品为主、增值服务为辅的特色金融产品体系；二是合理引导外部资金进入产业链，以满足产业链上相关企业不断扩大的金融服务需求；三是金融产品的开发要实现线上化操作目标，提升服务效率。

第三，创新管理模式。首先，建立统一协调的数据资产管理模式，尤其核心企业内部各个部门之间要建立统一的资产管理模式，实现数据资源在各业务部门之间共建共享，提升资源的利用效率和水平；其次，建立综合性一体化服务平台，形成集中化智能化的产业链金融管理模式；最后，对产业链线条进行梳理，组建以客户为导向的市场化服务组织体系，同时保证操作过程公平公正，避免给企业的主营业务带来风险。

9.3 产业链增值与普惠金融

产业链是在产业分工过程中形成的，伴随着分工的不断细化，产业链不断拓展和延伸。通过技术革新和模式创新能够使产业链增值，同时带动金融服务领域的延伸，提升金融普惠度。人工智能与大数据、物联网、云计算、移动互联网等技术加速融合，智能化的大数据产业链、价值链和生态系统将逐步形成。金融技术创新将聚焦服务的效率和质量，普惠金融服务的覆盖面、渗透率和效率将逐步提高、服务成本逐步降低。数字内容服务逐步实现了从 PC 端到移动端的用户转移，移动互联网消费打破线上线下边界，产业链上下游联动加强，朝多平台、广布局、深延展的方向发展。

9.3.1　产业链增值途径

1. 技术革新实现产业链增值

随着产业链的发展，它已经不再是一条简单的链条，而是一个汇集物流、资金流和信息流的多维网络，联系着企业生产、加工和销售的各个环节，在这个网上的每一个节点都有融资价值。更重要的是，通过使用先进的技术和工具，能够使产业链的各个环节实现增值。这一方面给企业带来融资等各方面的便利，另一方面提高了资源的利用率和生产效率。

四川牦牛产业链涉及生产、流通加工和销售三个环节，借助技术进步能够使牦牛产业链实现增值。

首先，关于生产环节。借助信息化手段和大数据技术对土壤肥力、气候、温度和湿度进行监测分析，提高人工草场的产出率和利用率。同时，通过秸秆氨化、青贮等技术，加强精饲料、混合饲料的开发，建立完善的饲草饲料生产体系；借鉴发达国家先进畜牧业的发展经验，利用现代化生物工程和基因工程技术，筛选优质牦牛种源，从根本上提高牦牛产品的质量和竞争力；采用牦牛产业化发展模式，规模化、标准化和科学化饲养，提高生产力水平，提升产品供给质量与规模，带动前端产业价值提升。

其次，关于流通加工环节。政府应当鼓励建立以产品加工龙头企业为核心的冷链物流体系：通过在全省范围内建设冷库，运用专业化冷藏车以及相关冷藏设备，实现产品的冷冻加工、冷冻贮藏、冷冻运输及冷冻销售一体化服务。同时，政府应当培养产品加工企业的供应链思维，努力使经营主体能够以长远的眼光来看待生鲜产品的流通，避免因追求短期利益而损害整个供应链的经济利益；产品加工在整个牦牛产业链中处于中心环节，须以市场为导向，以技术进步为突破口，大力提高牦牛产品质量安全和品种多样性，不断满足市场上消费者的多样化需求。最重要的是，提高产品质量和服务质量，打造地区特色品牌，培养消费者的品牌认同感，以品牌效应提升牦牛产业链附加值。

最后，关于销售环节。近年来，随着线上线下消费渠道的加速融合，互联网电子商务打破地域限制，直接将生产商和消费者进行连接，消除了市场信息不对称，大大降低了产品交易的时间和成本，具有十分明显的优势。当地政府在改变农户生产观念的同时，要大力引入各种类型的生鲜电商平台，并通过建立优惠的税收政策和资金扶持政策来促进本地生鲜农产品中介服务企业的发展；牦牛产业链上的产品加工企业，除了要让产品“占领”当地农贸市场、超市等线下销售点外，要抓住互联网消费的契机，借助淘宝、京东、盒马鲜生等电商平台，将牦牛系列产品推广到全国各地，在最终环节实现产品价值提升。

2. 模式创新实现产业链增值

新兴科学技术的应用能够实现产业链增值，除此之外，产业链模式的创新也能够带来产业链价值的提升。如前所述，为弥补传统产业链金融在解决中小企业融资问题上的不足，在原有产业链金融的基础上引入信保基金，提出嵌入信保基金的产业链金融模式（“M+1+N”形式），从根本上解决了产业链在拓展和延伸的过程中遇到的资金障碍；前文中，伴随着互联网、云计算、大数据等新技术的发展和应用，提出在“M+1+N”形式的产业链金融模式基础上，依托一个综合性一体化互联网服务平台，打造一个“三流合一”的线上产业链金融闭环新模式，扩大其服务范围和影响力，实现生产和服务资源更加高效、更加优化的配置，扩展产业链新的价值空间。模式创新为产业链带来了新的管理和服务模式，在推进供给侧结构性改革和产业链转型升级等方面发挥着重要作用。

9.3.2 产业链增值服务与金融普惠度提升

产业链价值提升是作为提升产业链上各企业融资能力的基础。借鉴供应链管理思想，通过提供与产业链增值有关的一系列服务，对产业链进行管理，能够进一步提升产业链金融普惠度。产业链管理增值服务可以通过第三方产业链服务提供商的专业化运作和资源整合来实现。目前中国经济正处于经济结构调整和转型升级的关键时期，第三方产业链服务行业作为生产型服务业，不管是对制造业结构的调整，还是服务经济的发展，都是一种积极的探索。

第三方产业链管理服务商提供包括产品设计、物流管理、代理采购、代理分销、虚拟生产、信息管理以及产业链金融等在内的一系列增值服务，是一个综合性一体化的产业链管理服务平台。与传统第三方企业的外包服务和代理服务相比，其业务模式更加多样化、一体化、智能化，是一种具有创新性的产业链管理模式。

一方面，第三方产业链管理服务商推动经营战略创新。借助新兴的科学技术和现代化的管理方法，服务商开始对产业链上的所有资源进行全面整合，实现“三流合一”，不断培养其基于产业链服务的核心竞争力。另一方面，推动平台创新。作为一个综合性一体化的产业链管理服务平台，第三方服务商提供包括物流、资金流、信息流在内的一体化服务，并且借助互联网、大数据、人工智能等现代化技术，不断完善平台的信息化建设。从服务外包的角度重新认识产业链管理，使得产业链管理服务商能够更好地融入产业链发展，成为产业链核心企业的战略合作伙伴，成为上下游中小企业的成长依托。

产业链中的中小企业和牦牛养殖户依托这一体系提供的增值服务，获得生产价值的提升与市场认同，从而获得信贷支持和发展。产业链金融的普惠程度（广度与深度）也由此得到提升。

9.4　本章小结

为了实现四川牦牛产业链金融可持续发展，提出嵌入信保基金的“M + 1 + N”形式的产业链金融，集中解决产业链上下游有发展前景的中小企业融资问题；伴随着互联网、人工智能等技术的发展，依托一个综合性的互联网服务平台，打造一个“三流合一”的线上牦牛产业链金融闭环生态系统，融通整个产业链的物流、信息流和资金流；技术革新和模式创新能够实现产业链增值，通过第三方产业链增值服务商，进一步提升整个产业链的附加值，扩大普惠金融服务的覆盖面。

参考文献

[1]Deelen L, Molenaar K. Guarantee Funds for Small Enterprises [J]. International Labor Organization, 2004,17(3):9 -40.

[2]Bastiaenen M, Van Rooij P V. Guarantee Funds and NGOs: Promise and Pitfalls: A Review of the Key Issues [J]. International Labor Organization, 1997,15(7): 21 -38.

[3]Johnson M. Performance of Credit Guarantee Schemes[D]. Master Dissertation, Copenhagen Business School, 2009.

[4]Camino D, Cardone C. The Valuation and Cost of Credit Insurance Schemes for SMEs: The Role of the Loan Guarantee Associations [J]. International Small Business Journal, 1999, 17(4):13 -31.

[5]Berger A N, Udell G F. A More Complete Conceptual Framework for SME Finance[J]. Journal of Banking and Finance,2006,30(11):2945 -2966.

[6]Stiglitz J E, Weiss A. Credit Rationing in Markets with Imperfect Information [J]. The American Economic Review, 1981,71(3): 393 -410.

[7]Craig B R, Jackson W E, Thomson J B. Are SBA Loan Guarantees Desirable? [J]. Federal Reserve Bank of Cleveland, 2004,25(5):1 -4.

[8]Green A. Credit Guarantee Schemes for Small Enterprises: An Effective Instrument to Promote Private Sector - Led Growth? [J]. UNIDO, Program Development and Technical Cooperation Division, 2003,15(6):8 -81.

[9]Doepke M, Townsend R M. Credit Guarantees, Moral Hazard, and the Optimality of Public Reserves [J]. Unpublished Manuscript, UCLA and University of Chicago, 2001,6(5):1 -80.

[10]Honohan P. Partial Credit Guarantees: Principles and Practice [J]. Journal of Financial Stability, 2010,6(1):1 -9.

[11]Cressy R. Commitment Lending under Asymmetric Information: Theory and

Tests on UK Start – Up Date [J]. Small Business Economics, 1996, 8 (5): 397 –408.

[12] Petersen M A, Rajan R G. The Benefits of Firm – Creditor Relationships: Evidence from Small Business Data [J]. Journal of Finance, 1994, 49 (1): 3 –37.

[13] De Alwis S, Basnayake B M R. Credit Guarantee Schemes in Sri Lanka – Way Forward [J]. Journal for SME Development, 2009, 7 (14), 14: 51 –82.

[14] Cowling M. The Role of Loan Guarantee Schemes in Alleviating Credit Rationing in UK [J]. Journal of Financial Stability, 2007, 6 (1): 36 –41.

[15] Hancock D, Peek J, Wilcox J A. The Repercussions on Small Banks and Small Businesses of Procyclical Bank Capital and Countercyclical Loan Guarantees [R]. AFA 2008 New Orleans Meetings Paper, 2007: 1 –30.

[16] Uesugi I. Efficiency of Credit Allocation and Effectiveness of Government Credit Guarantees: Evidence from Japanese Small Businesses [R]. Bank of Japan, 2008: 1 –21.

[17] Kang D. Corporate Distress and Restructuring Policy of Korean Small and Medium Sized Enterprises: Role of Credit Guarantee Scheme [C]. Proceeding of the 2005 KDI – KAEA Conference, Korea Development Institute, 2005: 15.

[18] Singh A. Openness and the Market Friendly Approach to Development: Learning the Right Lessons from Development Experience [J]. World Development, 1994, 22 (12): 1811 –1823.

[19] 张捷, 王霄. 银行信贷配给与中小企业贷款 [J]. 经济研究, 2003 (7): 68 –92.

[20] 方俭. 产业链金融研究评述 [J]. 企业改革与管理, 2017 (13): 111 –112.

[21] 詹子友. 产业链金融理论探析 [J]. 西部金融, 2017 (4): 16 –20.

[22] 张箐. 商业银行产业链金融发展策略探析 [J]. 中国流通经济, 2014 (1): 110 –116.

[23] 陈通明. 长三角产业链金融研究——基于经济转型升级视角 [D]. 杭州: 浙江工业大学, 2015.

[24]张平. 产业链金融中信用保证基金的公司治理结构研究——长三角案例[D]. 杭州:浙江工业大学,2016.

[25]郁嘉禾. 产业链金融中信用保证基金的设计研究——杭州案例[D]. 杭州:浙江工业大学,2015.

[26]杨尧均,章和杰. 嵌入信保基金的产业链金融模式设计与实证研究——以县级城市为例[J]. 金融理论与实践,2017(5):67-72.

第 10 章　四川牦牛产业链金融发展的政策需求

10.1　四川牦牛产业链金融总体发展规划

改革开放以来，我国城乡人民生活水平大幅提高，但目前仍有 7017 万农村贫困人口有待脱贫[①]。在四川主要的集中成片贫困地区——川西高原，牦牛产业为当地主要的收入来源之一，以牦牛产业链金融为工具，发展支持牦牛产业是实现当地农村贫困人口脱贫的核心途径之一。

2014 年，国务院办公厅发布的《关于金融服务“三农”发展的若干意见》提出“推广产业链金融模式”。2016 年，全国人大通过的《中华人民共和国国民经济和社会发展第十三个五年规划纲要》提出，“发挥政策性金融、开发性金融、商业性金融和合作性金融的互补作用，整合各类扶贫资源，拓宽资金来源渠道”，从而“推进精准扶贫”。然而，传统的商业银行、资本市场等融资运行模式，难以适应我国现有以农户为主的小规模农业开展产业链金融的生产方式，制约了各类金融资源向农业、农村的流动。因此，亟须探索精准扶贫的创新金融模式。当前农村地区融资难与工商业领域里中小企业融资难有相似之处，因此，可将产业链金融的思路移植到农村金融领域。

四川牦牛产业如何掌握由产业链升级和金融创新带来的巨大的资金支持，补齐短板，实现牦牛产业链的转型与升级，需要进行相关政策的创

① 张世晓．农业产业链金融体系[N]．中国社会科学报,2016－09－28(004)．

新。在实践中，一些金融机构和地方政府已经主导推进了农业产业链金融模式的创新实践。例如，吉林省农业银行推出“农行+合作社+公司+农户”的“农业产业链金融”，重庆市荣昌地区农业银行推出“农业园区主导型产业链融资”等；“惠农聚宝”“农泰金融”等互联网金融平台等。

这些前期经验的成功探索，都为牦牛产业链金融的相关研究提供了很好的借鉴。本章将在借鉴这些经验的基础上，设计四川牦牛产业链金融发展的政策框架，解决传统农牧业技术升级过程中金融信息不对称和信用体系高风险问题。

10.1.1 总体规划主要内容

根据四川农业牦牛产业特点、产业链金融现状和精准扶贫要求，对牦牛产业链金融进行顶层、标准化、统一设计，四川牦牛产业链金融规划的主要内容包括：

第一，规划设计精准扶贫产业项目。按照“地方政府+核心企业+农户+金融机构”模式，配合贫困农户共同调研、寻找并规划设计适合的精准扶贫产业项目，使四川牦牛产业链中的资金供需双方的信息能够达到互通有无，解决金融层面的信息不对称的借贷难困境，是实施产业链金融精准扶贫方案的首要条件。

第二，建立核心企业与牦牛养殖户的长期合作关系。基于各方协作共同规划设计的精准扶贫产业项目，构建兼具扶贫与产业发展的农业产业链，并根据牦牛产业特征，在政府、金融机构、农业科研机构等共同协调参与下，以牦牛产业链中的龙头企业为核心，与农牧养殖户建立长期稳定的产、供、销合作关系。这一合作关系也可以农业合作社为主体而建立，由农业合作社作为中介，组织协调牦牛养殖户的生产经营，并成为与核心企业、金融机构合作的主体，从而降低核心企业、金融机构的交易成本。

第三，以产业链金融模式，为农村精准扶贫提供金融支持。商业银行等金融机构以农村扶贫产业链为基础，在掌握核心企业现金流信息的条件下，以牦牛产业链为单位向其提供多种形式的流动资金支持，包括牦牛肉、奶及附加产品加工、运输、仓储、销售等环节的产业链融资方案。这也是整个涉及多方联动的牦牛产业链金融体系的核心。核心企业作为金融资源注入的对象或资金流管理的核心，以产业链金融融资的形式，解决牦牛养殖户和企业的产品采购及流动资金需求，尽可能采取“企业 + 农户”的联合统一集中牦牛产业链采购的形式，银行提供承兑汇票等统一的结算形式，使得融资的现金流始终在金融机构掌握的产业链之中闭环流动，避免零星现金形式贷款所产生的信用风险，并通过规模化降低交易成本。

第四，政府为有精准扶贫效应的牦牛产业链融资提供财政贴息支持，并以一定方式参与信用担保。这将有利于扶贫项目的启动和尽快产生预期效果，对于精准扶贫项目可持续发展具有推动作用。

第五，农业保险的政策支持。在多方联动的牦牛产业链融资项目支持下，风险能够得到一定程度的控制。在此基础上，保险公司可以根据牦牛产业链的项目特征，设计相应的保险险种，参与该融资模式的合作，拓展自身业务领域，推进牦牛产业保险建设。我国自 1982 年开始重启农业保险的业务办理以来，由于缺乏政府直接的有效扶持，如果保险公司完全按照市场价格制定保险费率，农民买不起；如果按农民可以接受的标准制定保险费率，保险公司则赔不起。要想发展牦牛产业的保险业务，政府应对保险机构经营的政策性农险业务给予财政补贴、税收优惠、巨灾再保险等政策支持①。

10.1.2　“互联网 + 农业”嵌入产业链

在农资购销、农业生产、畜产品销售的全过程中应用“互联网 + 农业”模式有助于构建新的农村金融保障体系。在四川主要的牦牛产业区域，由于经济不发达，牦牛产业从业者的收支极度不稳定，再加上传统农业金融服务体系上的缺失，影响了金融机构投身牦牛产业链金融的积极性，也限制了牦牛产业从业者获得金融资金及服务的机会，导致牦牛行业从业者的融资渠道非常有限，甚至在很多地方仍以亲朋间的借贷和社会上

① 赵长虹，李利平．美国农业融资结构对我国的借鉴意义[J]．中国农业银行武汉培训学院学报，2009(2)：62－63.

的高利贷为主①。

互联网带来的大数据应用有助于解决农村金融的风险管理难题，从而实现牦牛产业融资需求。

首先，改变原有的农村业务模式，开发基于牦牛行业产业链的新型金融产品，把管理信息系统（MIS）等实时数据作为产业链金融的风险评定等级的依据，积极探索回购协议、仓单融资、反向保理等业务在牦牛产业链金融业务中的应用②。

其次，注重转变风险管理方式，在“互联网 + 农业”的产业链金融模式里不再要求牦牛养殖户和加工商们提供相应的抵押品，而是利用大数据分析其交易真实性及产业链稳定性，把过往及预测信息作为控制风险的重点，通过开展与担保公司、保险公司等机构的合作，以集体信用担保或期货平台等工具来降低自身的风险。

最后，建设基于整个农业产业链的电子化信息平台，把四川牦牛产业链的上下游组织的交易信息数据化处理，利用大数据技术降低信息不对称的程度，进而降低牦牛产业链融资的成本。

10.1.3 明确金融服务支持重点

明确金融服务支持重点，对支持牦牛产业链转型与升级的信贷投向进行系统规划。在牦牛产业链中的供应环节、生产环节及销售环节提供全程金融支持。

首先，在供应环节为上游农牧户在扩大养殖规模、棚圈建设、饲草储备等方面提供金融支持。农牧养殖户在农业产业链中占据十分重要的地位，也是创造价值的主体③。在这一环节，金融机构要致力于遴选有相对优势的养殖户，由农户集体和核心企业担保，以解决其资金周转困难的问题。

---

① 李国英．“互联网 +”背景下我国现代农业产业链及商业模式解构[J]．农村经济，2015(9)：29 – 33.

② 邱晖．黑龙江省开展农业产业链金融服务的思考[J]．知与行，2015(5)：104 – 107.

③ 李心娟．大力发展农业产业链金融业务的思考与分析[J]．投资与创业，2017(9)：28 – 30.

其次，在生产环节，由商业银行为核心企业提供金融服务。在牦牛产业链发展过程中，核心龙头企业发挥了重要的带动和引导作用，所以在生产过程中需要加强对龙头企业的支持。银行业金融机构要积极为其量身定制产品，使核心企业的规模可以不断扩大，同时也能带动其他农户发展，并逐渐扩展小微企业产业链专案项目贷款等新业务。在牦牛产业生产过程中要不断鼓励和推动小额信贷的发展，建立更多符合基本情况的业务模式，提供积极的信贷支持，满足农牧户养殖和加工企业的小额贷款需求。

再次，在销售环节，结合线上线下业务为核心企业和下游经销商以及相关餐饮业提供配套金融服务。一方面，在线下以加工企业和经销商的双向选择意愿为准，建立商业契约，提高资金回转周期；另一方面，在京东和天猫商城经营的旗舰店等网络店铺开通销售渠道，为其在产品物流和仓储等主要成本方面加以扶持。在产品交付客户时，已经收取货款或获得索取货款依据时由银行周转，确认收入以管控风险。

最后，重点支持基础设施建设。虽然当前我国牦牛产业生产水平有了很大程度的提升，也逐渐实现了产业化和现代化发展，但在实际发展过程中依旧面临着较多问题，尤其是基础设施薄弱、发展后劲不足等，严重制约了产业现代化发展。

10.1.4　构建可持续产业资金链

依托牦牛产业价值链融资，构建可持续的产业资金链。牦牛产业价值链融资是基于牦牛产业链上不同主体之间的商业关系流向或产业链参与者的融资服务和产品，包括产业链内部商业信用融资和产业链外部金融信用融资。提高整个牦牛产业链的价值效益，就必须为牦牛产业链的参与者提供合适的融资服务。牦牛产业价值链融资最大的优势就是把产业链各环节不同经营主体利益一体化，为整个牦牛产业链参与主体提供有效的融资服务，改变了过去牦牛产业链各环节融资不均衡、资金链断裂现象，具有“产业联动，以大带小”的特征，有利于牦牛产业链整合和价值链提升，推进一二三产业融合。依托牦牛产业价值链融资，可以为牦牛产业链、创新链、人才链和市场链构建可持续的资金链。

10.2 财政政策支持

财政政策的主要功能是市场导向和支持创新，为牦牛产业技术升级中商业性金融面临的巨大风险提供补贴，提高牦牛产业市场活力和各方参与程度。

10.2.1 发挥政策导向作用

财政政策上不仅仅是简单的补贴，还要发挥政策链导向作用。

一是细化财政支持、金融扶持、引导社会资本进入四川牦牛产业链的各项政策，加强财政政策、金融政策的衔接和联动，通过财政资金撬动金融资本、社会资本，形成支持合力进入农业产业链、创新链、人才链和市场链。

二是强化政府涉农资金的整合和政策协调配套，发挥政策链导向作用，在保持农业资金存量的基础上优化增量，保持牦牛产业资金链的稳定性、连续性。

三是加强各项农业资金政策的协同性，提高农业资金进入牦牛产业链、创新链、人才链和市场链的精准性、指向性和实效性。

10.2.2 引导牦牛产业链创新资金投入

牦牛产业创新链是一个以研发活动为基础，以科技成果转化为渠道，以实现牦牛产业科技成果产业化应用、市场化推广为目的的产业链。科技成果转化是牦牛产业创新链的薄弱环节，资金投入不足、融资门槛太高一直是制约产业科技转化效果的重要因素。提供典型公共产品的产业科技创新，外部融资往往存在市场失灵，因此，一方面需要建立以政策性银行为主导的多元化信贷支持服务模式，加大具有引导性、高效性的农业政策性金融投入，使其引导商业性金融等资金注入；另一方面要不断创新资金投入方式，以财政资金为引导，与金融机构等投资主体共同承担投资失败的风险，设立风险补偿基金，稳妥发展风险投资和股权投资，引导社会资本进入农业创新链。建立专项财政资金，对规模发展及开展牦牛肉、皮、毛等产业链延伸端的企业给予支持；对科技型企业给予引导和保护。

10.2.3　设立政府引导基金，促进牦牛产业与资本融合发展

通过政府财政投入，设立包括支持民族地区牦牛产业起步阶段和发展阶段在内的牦牛产业政府引导基金。同时，坚持市场化运作，吸引私募股权投资的加入，确保政府引导资金保值升值，以及市场对生产资源的配置和调控作用，从而形成良好的资本运作模式。

10.3　金融政策支持

金融支持政策本质上是政府实施金融剩余动员，并通过银行信贷干预、差别化贷款利率等措施，倾向性地选择，为某些经济部门配置超过市场竞争均衡水平的信贷资金并相应提供金融租金补贴的一系列制度安排。

金融支持通过两种途径对产业结构的调整发挥作用：一是通过金融市场的运作来影响不同产业的资金供给与需求，使产业结构升级；二是通过产业政策、金融政策、财政政策协同影响产业结构调整。

在支持四川牦牛产业链技术升级、推动四川牦牛产业链金融发展的过程中，需要银行、证券、保险、信托等几个层次的多方协调配合，以及国家和当地政府宏观经济政策的适当倾斜来共同支撑，形成政策体系①，构成合力。

10.3.1　倾斜性的金融政策系列

金融政策系列主要包括：政府为自主创新资金提供担保；政府出台鼓励金融机构向自主创新企业贷款的税收政策；政府为创新行为购买保险；

---

① 中国人民银行重庆营业管理部课题组，洪虹等．西部大开发的金融政策支持系统研究[J]．改革，2000(5)：79－85.

政府设立新兴产业基金；政府建立政策性科技银行；政府提供优惠贷款；政府直接划拨资金等。政府可以作为投资者身份出现，并承担相应的风险，与此同时政府作为股东享受投资收益，由免费投入转向有偿投入。政府利用政策优势，不断引领新兴产业的发展，用政策性资金作为倡导性投资，带动市场性金融机构的跟随投资，政策性金融与市场性金融共同促进产业结构升级。在牧民与牦牛产业初级加工商的群体中，鼓励他们组成合作社的模式，对于以合作社的名义申请信贷的予以支持，并且挑选业绩优良且信誉高的企业，为其提供信贷担保，在产品流通到市场上时，税收上给予适当补贴。这样，一方面可以调动牧民的生产热情，另一方面可以扶持当地的牦牛产业的加工商，鼓励其向着产品深加工的方向发展。

10.3.2 提升金融服务层次

金融系统需要内在质的提高。为了实现牦牛产业链向依靠创新、技术进步和效率提高获取市场，需要优化金融结构，使其与产业结构升级特征相适应。同时，改善投融资过于依赖银行体系的情况，发展多层次金融市场，从银行信贷、股权融资、债券发行等各个方面对新兴产业链进行支持。

金融机构需要推出配套的特色金融服务于农牧产业链，如推动设立电商金融公司、物流仓储金融公司等一批新型金融机构，为新兴产业提供针对性的金融服务。同时，金融产品需要创新，针对牦牛产业流动资产比例小、抵押不足的特点，积极探索产权和质押、资产和信贷的有效评估流程，研究和推广订单融资、仓储融资等多种信贷业务品种。

试验丰富的结构化产品组合，如提供有价证券和银行质押相结合，信贷和保险的金融服务组合产品等。为应对市场价格波动，可以适时推出牦牛期货工具市场，并在此基础上，推出相关的金融期货产品，创新设计金融工具衍生品。

10.3.3 生产公共信息，缓解信息不对称

在对新兴产业的金融支持中，资金应向最有效率的产业部门配置，才

能推进产业结构升级的实现，促进经济增长。但是资金去向是否最优，以及资金流向产生的效应难以测量，这是由于信息不对称造成的。信息不对称是金融市场的一个重要特征，交易一方对另一方总是缺乏充分的了解，影响其在交易中做出正确的决策。

解决金融市场中由于信息不对称引发的逆向选择问题，可以通过向资金供给方提供有关为自身的投资活动融资的个人或公司的详细情况，从而削减金融信息不对称的现象。牦牛产业链上大量的小企业和牧民，信息更加难以获取，这就需要政府推进企业信息披露的深化，并设计可供贷款人免费使用的公共信息，降低贷款的“信息门槛”。此外，由于农牧产业较易受自然因素的影响，产业周期长、风险更高，需要政府支持风险管理创新，全面了解农牧产业链融资去向和实际效应。

10.3.4　完善农村金融体系

对四川牦牛产业链金融政策支持，最主要的还是要建设配套的金融体系，从制度上予以保证。从完善基础金融组织到金融服务体系，最终完善牧区信用机制建设，需要一个系统的体系建设。

（1）完善产业链金融组织体系

以夯实牦牛产业产能和推动行业发展方式转变、满足现代牦牛产业发展各环节资金需求为着力点，进一步构建资本充足、功能健全、服务完善的现代牦牛产业链金融组织体系。

第一，发挥政策性银行的引领作用，加大对牦牛行业产区基础公共设施、草原养殖基地设施、牦牛产业聚集区基础设施的信贷投放力度。第二，鼓励商业银行建立支持牦牛产业供给侧结构性改革可持续模式，进一步增设网点，落实“三农”信贷中心，以确保涉农涉牧贷款逐年增加。继续促进农村商业银行、村镇银行、小额贷款公司稳健发展，促进优势互补的竞争格局形成。第三，积极引导社会资本和民间资本进入牦牛产业链金融领域，培育牧区社区金融组织，提高牦牛产业链金融服务可得性。

（2）加大金融产品创新力度，促进牦牛产业金融链条变革

加强货币政策与财政政策协调配合，引导信贷资金和财政资金投向，

重点支持形成产出高效、产品安全、资源集约、环境友好的农业供给体系。深入推进牧区“两权”抵押贷款试点工作，加快牧区产权尤其是房屋所有权的确权颁证进度，补充担保基金和风险补偿基金，培育牧区土地流转交易市场，推动牧区产权收储中心建立，完善试点工作框架并提炼可供推广的成熟模式，破解农牧户贷款质押物少的难题。

根据现代牦牛产业链的新发展，探索牦牛产业链金融服务模式；创新政府、核心企业、担保公司、保险公司和农牧户多方参与的牦牛产业信贷模式，通过开展多种担保合作，提高农牧户的信贷资质和授信额度；根据新型经营主体的生产经营特征，优化授信管理流程，合理调整贷款期限、授信额度和贷款利率。改善牧区支付结算环境，完善惠农服务站功能，推动打造“互联网+农业”和新型金融工具等在牦牛产业链金融领域的应用场景。

（3）完善牦牛产业保险体系建设

积极发展涉农涉牧保险业务，拓宽牦牛产业保险品种和覆盖面。政府主导推动政策性涉农涉牧保险机构的培育，通过建立政策性“三农”保险、融资担保机构，分散和转移牦牛产业贷款风险，同时引导商业保险机构积极跟进，促进形成“政策保险+商业保险”互为补充的健全格局。

完善牦牛产业巨灾风险分担机制，在适当提高牦牛养殖和加工成品的保险品种赔付率的基础上，由政府主导建立政策性风险准备金，并整合政府、企业和金融机构多方资源，探索形成牦牛产业巨灾风险分摊机制。

（4）加强信用体系建设

通过持续优化牧区金融生态为牦牛产业供给侧结构性改革提供良好外部环境。总结牧区信用体系建设实验区经验，探索以农牧户和牧区新型经营主体为主要对象，以信用档案建设和信用等级评价为基础，以信用文化为保障的牧区信用体系建设模式，为牦牛产业供给侧结构性改革提供良好的金融生态环境。依法打击逃废金融债务行为，加大对失信行为的惩戒力度，建立金融风险预警机制，及时化解金融纠纷，加大金融债权案件审理与执行力度，维护金融机构合法权益。进一步普及牧区金融知识，深入开展金融知识下乡活动，着力提高基层群众的金融素质，为牦牛产业链金融业务的发展奠定良好基础。

10.3.5　利用市场外部机会，搭建发展平台

（1）鼓励民间及其他资本的进入

四川牦牛产业应该主动融入“丝路基金”，在协同发展、开放式发展和动态发展的发展理念下，发挥大型金融企业和机构的主力作用，起到引领作用，并适时创造多种机会和多元化融资渠道，吸引民间资本等各种资本进入，推动投资多元化发展，不仅能起到保值和升值作用，还能在一定程度上与各类资本协同发展，共同发挥建设资金对社会经济发展的推动作用。同时，在整个基金建设和融资过程中，应充分发挥政府的指导作用，支持西部民族地区以“土地流转”“集体联保”等多种方式融入“丝路基金”资金平台，有针对性地创造发展条件。

鼓励牧民和初级加工商等上游参与者组成合作社，并且建立信用、信息共享机制，力求促使金融信息不对称的情况得到改善。为了引导牧民及初级加工企业，在产业链建立的初级阶段，财政支持的力度可适当向其倾斜，增强上游参与者的生产热情。

（2）抓住“亚投行”和“丝路基金”资金流机遇，全力合理进行基础设施建设

通过“亚投行”和“丝路基金”为沿线地区带来的资金支持，在配合完善“一带一路”沿线主要基础设施建设之时，以历史发展眼光，在可持续发展理念下，结合扶持本区域牦牛产业链发展的实际情况，合理科学地规划本区域基础设施建设。争取尽最大努力改善和弥补由于基础设施建设短板而制约区域经济发展的情况，增强与扩大区域经济发展优势，融合“一带一路”经济建设带，提高区域经济的整体性与可持续发展。针对部分弱势企业或产业，可以有针对性地出台相关政策，适时地创造有利条件，比如采取优先办理、优先贷款、低息贷款等辅助措施，帮助其扩大生产，提高融资风险的抵抗能力，使其步入产业升级和“一带一路”的快车道，完善四川民族地区牦牛产业链，并能在一定程度上促进牦牛产业链金融的升级与优化，从而更好地创造社会经济效益。最终在四川牦牛产业链

的整体建设中，以财政政策为引导，健全农村金融市场体系，通过改善农业投融资结构优化农业生产经营结构。

（3）培育完善的、多层次的农村金融要素市场体系

盘活农村各类要素，促进农地、林地、草地等资源要素市场化，完善农村产权评估、定价和交易平台，实现农村产权有效流转。探索建立大宗农牧产品交易市场，减少农牧产品销售中间环节，发展农牧产品期货市场，完善畜产品价格形成机制。充分利用资本市场，推动涉农企业债券融资工作，鼓励符合条件的企业发行公司债、短期融资债券、中期票据、非公开定向债务融资工具等直接融资产品，推进涉农中小企业发行私募债券；支持产业化龙头企业等新型经营主体上市或挂牌；充分发挥农业产业发展引导基金作用，促进现代农业创新发展。

10.4　金融监管政策创新

四川牦牛产业链金融的转型与升级，需要与之适应的金融模式创新，金融监管政策面临创新与风险的权衡。调整与创新金融监管政策，在整体管控融资风险的条件下，鼓励融资新产品、新模式的出现。

10.4.1　坚持审慎监管原则，防范系统性金融风险

做好牦牛产业链金融风险管理，防范系统性金融风险。现阶段，涉农中小企业、农户主要处于初级产品生产、粗加工等较低层次，受经济周期和食品安全等突发事件影响较大，经营风险和资金回转周期均较高。应加强牦牛行业行情等市场研究，强化农村基础设施研究，逐步构建涉农行业数据库及信息采集平台，管控产业链风险的集聚。积极整合资金流、物流、信息流等在产业链中各个环节，充分发挥和运用龙头企业、流通市场等产业链条电子商务、现金管理信息化程度较高的运作特点和结算模式，推行“受托支付、定向结算”方式，实现信贷资金封闭运行，有效防范信

用风险[1]。设计对专业合作社、家庭农场等新型经营主体风险评级打分模型，切实提高风险识别与计量能力。

另外，产业链金融模式虽然降低了单笔的信贷风险，但是把压力均摊到整个产业链面临的风险中。在当前经济稳健发展背景下，金融风险更易影响实体产业链，加剧对金融机构信贷资产质量的冲击。因此，具体在牦牛产业链中，对加工商通过技术扶持和直接融资、向农牧户提供担保等方式加强互信，也可以通过建立风险基金、订单采购以及参与股权管理等多种形式，建立加工企业和农牧户的利益分配机制，结成稳定的产销关系，整体把控防范系统性金融风险。

了解牦牛市场需求，审慎监管。这是任何产业链利益相关者或促进者的首要考虑因素。如前所述，市场驱动的产业链已被证明是最有效的价值链。针对牦牛产业链，监管机构必须了解牦牛市场需求的特殊以及核心及附加企业的产出能力如何定位以满足市场需求。产业链核心企业有一个独特的机会，不仅要了解这种需求，还要将其传达给链中的其他人，以确保响应性生产和增值活动。金融机构有能力、有资源通过建立和支持所需服务发展的知识网络，为加强产业链做出贡献。产业链金融提供了一种结构和关系，具有降低农牧业贷款风险的巨大潜力。金融机构要做的不单单是完善投资产业链的信贷部分，而是要进一步增加产业链中的相关融资专业知识，分享这些知识，并提供支持服务于融资模式和风险监管方面的方法。这不仅有利于客户，还可以在降低风险的同时扩大贷款机会。

金融机构有责任评估风险并考虑传统标准以及包含产业链知识和功能的新标准，在市场监管的前提下，把产权质押和票据授信等统筹在一起。牦牛产业链金融涉及农牧产业和金融两个层面，业务跨度较大，要求信贷人员具备专业知识，在设计产品的时候能够把握产业链整体运行特点、行业特征和风险表现[2]。综合考虑产业链中上游供应商和核心企业的信用，了解市场变化，运用管理信息系统（MIS）把握整条产业链交易中物流、

---

① 刘晓杰．面向山东省农业产业链的金融服务研究[D]．济南：山东大学，2015.

② 王岩，袁井香．产业链金融发展探析——伊利乳业产业链金融发展之路[J]．金融会计，2016(10)：65－68.

信息流和现金流的可控性。

10.4.2 对金融机构新型风控措施的认同、支持与包容

在产业链融资模式下，金融机构的风控措施创新，最可能的是通过引入核心企业为产业链上其他主体进行信用升级，例如筛选出在业务模式、行业地位、企业前景方面良好的核心企业，并与之进行金融信息的互信合作，培养核心企业等相关利益者的产业链金融的意识。与核心企业进行合作是打破信息不对称的关键环节。因为核心企业在多年的合作关系中掌握着产业链上游供应商和下游经销商的大量信息及交易数据。当面对的对象不再是一个企业而是整个产业链条时，金融机构需要通过对产业链条上各主体之间的物流、资金流、信息流的协调来提供多元化的金融服务，这样会面临更多的因信息传递错误引发的风险①。

同时，由于农业产业链金融是一项新兴业务，金融机构相关的人才储备与管理系统均比较缺乏。在我国目前征信体系不健全的情况下，这些核心信息对于产业链上下游企业的信用审核具有重要作用。由他们提供上下游企业的相关数据信息，这样就可以根据相关信息对核心企业的上下游企业的还款能力、还款意愿有一个粗略的评估，并对相关的金融产品进行风险定价。对于这些新兴的风控体系，监管政策应予以认同、支持，并参与风险评定和授信标准的认定等。对金融机构的涉农涉牧信贷规模和授信资质方面做出科学指导。在牦牛产业链的不同时期，针对不同的融资模式有不同的监管标准；在自然不可控因素的影响下，对金融机构要注意风险管理方式的转变，农业产业链金融不再要求农户提供相应的抵押品，而是以交易真实性及产业链稳定性作为控制风险的重点，通过开展与担保公司、保险公司等机构的合作降低自身的风险②。并且建设基于整个农业产业链的电子化信息平台，利用信息技术降低实施产业链融资和风险监管的成本。

现有的金融企业仍然没有对农业产业链金融表现出足够大的兴趣，由

①② 邱晖．黑龙江省开展农业产业链金融服务的思考[J]．知与行，2015(5)：104－107.

金融机构推出的农业产业链融资的具体信贷品种相对其他行业来讲仍较少。对于农业产业链金融的盈利模式及盈利能力，金融机构还持谨慎的观望态度；而对于从事农业产业链金融的风险，金融机构也没有足够的控制力①，这就需要政府积极地引导市场参与，调节产业链中的各方利益，将更低成本的融资模式纳入金融机构的业务范围，降低市场交易成本。促进正在开发的农业产业链金融、支持核心企业等利益相关者建立相关金融系统的组织，协调人和政策制定者，了解监管瓶颈以及如何克服这些瓶颈，努力营造有利环境。例如，政府资金可用于支持担保基金、农业保险或启动信贷激励措施。

但是，其中每一项都必须根据该地区或者行业的农业目标、资金的性质以及长期影响和可行性进行评估。从牦牛产业的特点出发，联合农牧养殖户，降低分散经营的风险；同时对加工和物流企业提供必要支持。例如，在前文案例中印度的牛奶合作社融资产品设计中，政府通过对奶农合作社的支持，建立产品准入标准，对符合要求的集体信用做出合理担保，提供远期合同预付资金补贴，提供远期合同预付资金补贴，以此降低和减少道德风险，保证产业金融的融资安全，可以被视为增加金融服务获取的一个例子。针对产业链中核心企业，要借助其自身较强的信用和实力提高配套中小企业和上游养殖等供应商的信用等级，降低整个产业链的融资成本，实现产业链各环节的顺畅合作和信息共享，进而增强整个产业链的核心竞争力。

参考文献

[1]张世晓．农业产业链金融体系[N]．中国社会科学报,2016－09－28(004).

[2]刘晓杰．面向山东省农业产业链的金融服务研究[D]．济南：山东大学,2015.

[3]赵长虹,李利平．美国农业融资结构对我国的借鉴意义[J]．中国农业

① 董芳．新型城镇化下农业产业链融资探析[J]．西南金融,2014（11）:72－76.

银行武汉培训学院学报,2009(2):62-63.

[4]刘丽伟,高中理."互联网+"促进农业经济发展方式转变的路径研究——基于农业产业链视角[J].世界农业,2015(12):18-23.

[5]李国英."互联网+"背景下我国现代农业产业链及商业模式解构[J].农村经济,2015(9):29-33.

[6]邱晖.黑龙江省开展农业产业链金融服务的思考[J].知与行,2015(5):104-107.

[7]李心娟.大力发展农业产业链金融业务的思考与分析[J].投资与创业,2017(9):28-30.

[8]王靓.农业产业链金融问题研究,[J].农村经济与科技,2015(12):140-160.

[9]中国人民银行重庆营业管理部课题组,洪虹等.西部大开发的金融政策支持系统研究[J].改革,2000(5):79-85.

[10]董芳.新型城镇化下农业产业链融资探析[J].西南金融,2014 (11):72-76.

[11]邓荣川.四川新型农村金融机构监管创新实践的案例研究[D].成都:电子科技大学,2015.

[12]中国人民银行赤峰市中心支行课题组,黄忠海,李晓华.对小微产业链金融创新的调查与思考——以蒙都羊产业为例[J].北方金融,2017(9):86-89.

[13]王岩,袁井香.产业链金融发展探析——伊利乳业产业链金融发展之路[J].金融会计,2016(10):65-68.

后　记

农业作为“强位弱势”产业，其发展面临产业组织落后以及技术水平落后带来的严重效率损失。提升农业发展的关键是升级产业发展模式。农业转型与升级需要现代农业科技和机械装备的大量投入，需要完成产业结构调整与整合，但农业自身资金积累能力不足，同时产业风险高，在静态的、以财务作为衡量标准的传统银行信贷体系下，农业金融需求一直被边缘化并形成恶性循环。因此农业技术升级、产业发展需要扩展传统体系下的金融渠道。

本书借助信息不对称理论、金融生态理论和产业融合理论等，引入产业链金融思路，站在整个产业的高度来衡量农业金融服务问题，并以四川西部民族地区支柱产业——牦牛产业为例，探讨如何以产业链的核心企业为依托，通过金融服务生态圈将核心企业与上下游供销企业、终端用户整合为一个整体，并通过对信息流、物流以及资金流的有效监管，形成一条业务链和风险控制链，以解决农业融资中的信息和风险问题。这一有别于传统的对单一企业的财务评估而进行的金融服务，使得产业链作为一个整体的实力得以传播到作为个体的单一企业之中，从而解决单个农业经营主体面临的融资约束。

本书的研究将在一定程度上弥补四川牦牛产业链金融研究短板。同时，对相似地区的牦牛产业链金融发展具有一定的现实借鉴价值。本书对金融如何支持四川牦牛产业链升级进行的创新性思考，也将为地方经济科学决策提供支撑。

本书由唐善虎教授和杨海燕博士提出写作动议，并拟定编写草案，经讨论形成写作大纲。参与本书初稿写作的人员为：西南民族大学2017级金融学硕士王定校、西南民族大学2017级金融学硕士朱军、西南民族大学2017级金融硕士程尧、西南民族大学2017级金融硕士白咏澍、西南民族大学2016级专门史硕士黄连、西南民族大学2016级专门史硕士徐章勇。初稿大致完成后，经杨海燕博士、唐善虎教授修改、补充，最后总撰成稿。

本书在编写过程中，参考了国内外大量相关文献，主要的参考文献在各章中列出，难免有遗漏，在此真诚感谢所有作者的前期研究带来的启示。

本书为西南民族大学中央高校基本科研业务费专项资金项目“乡村振兴视角下农村普惠数字抵押模式发展研究”（编号：校2021089）研究成果，经济学院应用经济博士培育学科阶段性成果，“三全育人”综合改革阶段性成果。

由于本书涉及内容广泛，编者能力有限，书中难免存在纰漏之处，敬请读者批评指正。

杨海燕　唐善虎

2022年5月